中华生活经典

阳羡茗壶系
骨董十三说

【明】周高起　董其昌 著
司开国　尚荣 编著

中華書局

图书在版编目(CIP)数据

阳羡茗壶系·骨董十三说/(明)周高起,(明)董其昌著;司开国,尚荣编著.—北京:中华书局,2012.2(2021.8重印)

(中华生活经典)

ISBN 978-7-101-08434-4

Ⅰ.阳…　Ⅱ.①周…②董…③司…④尚…　Ⅲ.①陶瓷茶具-介绍-宜兴市②古玩-鉴赏-中国　Ⅳ.K87

中国版本图书馆CIP数据核字(2011)第269939号

书　　名	阳羡茗壶系·骨董十三说
著　　者	〔明〕周高起　董其昌
编 著 者	司开国　尚　荣
丛 书 名	中华生活经典
责任编辑	刘胜利
出版发行	中华书局
	(北京市丰台区太平桥西里38号　100073)
	http://www.zhbc.com.cn
	E-mail:zhbc@zhbc.com.cn
印　　刷	北京瑞古冠中印刷厂
版　　次	2012年2月北京第1版
	2021年8月北京第7次印刷
规　　格	开本/710×1000毫米　1/16
	印张13¼　字数90千字
印　　数	23001-26000册
国际书号	ISBN 978-7-101-08434-4
定　　价	32.00元

目录

阳羡茗壶系

［明］周高起 著

前　言

一　《阳羡茗壶系》的作者

周高起（? —1645），字伯高，江阴（今江苏苏州）人，工文辞，喜校书。毛晋刻书，多出其手校，刻书处名玉桂山房。清顺治二年（1645）抗清一役中，遇清兵不屈而死。周高起笃好茗壶，对阳羡（今江苏宜兴）紫砂颇有研究，撰写出我国第一部宜兴紫砂专著《阳羡茗壶系》。另著有《洞山岕茶系》一卷、《读书志》（已佚）。《江阴县志·人物·忠义》有载：周高起，博闻强识，工古文辞，早岁饩（xì）于庠，与徐遵汤同修县志。居由里山，游兵突至，被执索货，怒詈（lì）不屈死，著有《读书志》。

二　《阳羡茗壶系》的内容

明代饮茶风尚推动茶壶茶具的创新发展，明中后期，文人生活呈艺术化、享乐化倾向，紫砂壶遂成为受追捧的时尚之物，甚至价格超过黄金。因此周高起撰写《阳羡茗壶系》，考察了阳羡陶工陶土的世系流传。

《阳羡茗壶系》从创始、正始、大家、名家、雅流、神品、别派介绍了陶工一系的流传。金沙寺一僧人与陶工相处，进行创新改革，使紫砂器从粗陶中脱离出来，成为人们传用的茶具，金沙寺僧人久逸其名，但有创始之功。供春陪读金沙寺中，窃仿僧人构思，创

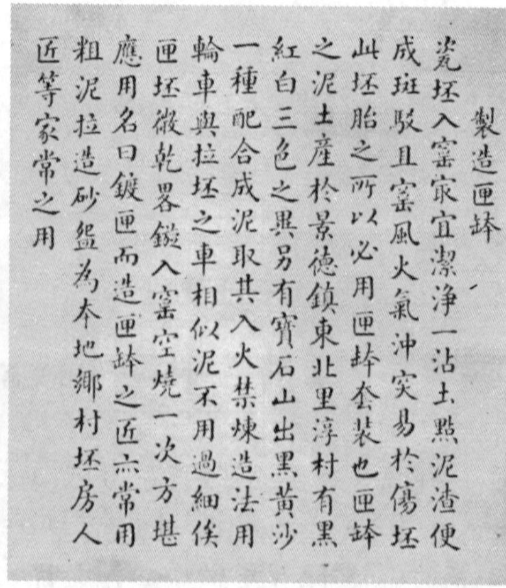

製造匣鉢

瓷坯入窯㝡宜潔淨一沾土點泥渣便成斑駁且窯風火氣沖突易於傷坯此坯胎之所以必用匣鉢套裝也匣鉢之泥土產於景德鎮東北里淳村有黑紅白三色之異另有寶石山出黑黃沙一種配合成泥取其入火禁煉造法用輪車與拉坯之車相似泥不用過細俟匣坯微乾畧鏇入窯空燒一次方堪應用名曰鍍匣而造匣鉢之匠亦常用粗泥拉造砂盤為本地鄉村坯房人匠等家常之用

清唐英《陶冶图说》

清代景德镇制瓷业一度兴盛和繁荣。乾隆初，唐英在《陶冶图说》中记载了当时的实况："景德镇袤延仅十余里……以陶来四方商贩，民窑二三百区，工匠人夫不下数十万，借此食者甚众。"在清代，督窑官对制瓷业的发展起过一定的作用，习惯上所称的"唐窑"，大多指唐英于乾隆二年(1737)督理景德镇御厂窑务以后至乾隆十九年（1754，其中乾隆十六年曾一度停止）这段时间的瓷器而言，但事实上，唐英于雍正六年（1728）即到景德镇御厂"驻厂协理"窑务。他在《陶人心语》一书中说："予于雍正六年奉差督陶江右，陶固细事，但为有生所未见；而物料、火候与五行丹汞，兼之摹古酌今，侈弇崇庳之式，茫然不晓，日唯诺于工匠之意旨……杜门，谢交游，聚精会神，苦心竭力，与工匠同其食息者三年，抵九年辛亥，于物料、火候、生克变化之理，虽不敢谓全知，颇有得于抽添变通之道。"《景德镇陶录》记述唐英督窑的成就说："公深谙土脉、火性，慎选诸料，所造俱精莹纯全。又仿肖古名窑诸器，无不媲美；仿各种名釉，无不巧合；萃工呈能，无不盛备；又新制洋紫、法青、抹银、彩水墨、洋乌金、珐琅画法、洋彩乌金、黑地白花、黑地描金、天蓝、窑变等釉色器皿。土则白壤，而坯体厚薄惟腻。厂窑至此，集大成矣！"这里所列举的品种，唐英于乾隆元年（1736）所作的《陶成纪事碑》中几乎都已载入，说明这些成就应该在雍正年间已经取得。

唐英不仅是一个实务家，而且还将工作中的经验加以总结，他在乾隆元年写成的《陶成纪事碑》和乾隆八年（1743）所编的《陶冶图说》是我国清代制瓷工艺史的重要资料。

《陶冶图说》是唐英秉承皇帝之命，为宫廷《陶冶图》作说明，以总结当时处于中国古代制瓷工艺高峰的瓷器制作过程。此书介绍了制陶的整个工序：其一采石制泥；其二淘炼泥土；其三炼灰、配釉；其四制造匣钵；其五圆器修模；其六圆器拉坯；其七琢器造坯；其八采取青料；其九拣选青料；其十印坯、乳料；其十一圆器青花；其十二制画琢器；其十三蘸釉、吹釉；其十四旋坯、挖足；其十五成坯入窑；其十六烧坯、开窑；其十七圆琢洋彩；其十八明炉、暗炉；其十九束草、装桶；其二十祀神、酬愿。陶器和瓷器都会放在匣钵里烧制，《阳羡茗壶系》中也提到"壶乃另作瓦缶，囊闭入陶穴"，制造匣钵这一环节也是制作紫砂壶所必不可少的。

制出供春壶。供春是紫砂工艺史上第一位留名的匠人。

供春之后，时大彬在紫砂壶发展史上起到承前启后的历史作用。他淘土，调制硇砂进行创新，又转而制作小壶，迎合文人高雅趣味。在文人几案上有一具时大彬的壶，能发幽古之思。时大彬在紫砂壶领域被称为执牛耳者，他对紫砂壶艺的贡献还在于培养了一批弟子，水平都很高。

《阳羡茗壶系》探讨陶土一系，亦与僧人有关，所以紫砂壶艺与佛教有着若即若离的关系。“先有异僧经行村落，日呼曰：‘卖富贵土。’”富贵土就是紫砂土。这些泥土品种多样，色泽丰富，如山灵显现，经过烧制，更是光怪陆离。紫砂土从供春到时大彬，都是细陶，上有银沙点点，是因为调制硇砂，夺目好看。烧成之后，其表面光泽哑暗，平整中含有小颗粒状的变化，表现出一种砂质效果，断面就更为明显，故称之为“紫砂”。

《阳羡茗壶系》将紫砂工艺的发展过程，从初创、发展到兴盛阶段出现的名工名匠逐一记述，并且考订其生平、艺术风格、所见传器等，以鉴赏家眼光分别录入书中，

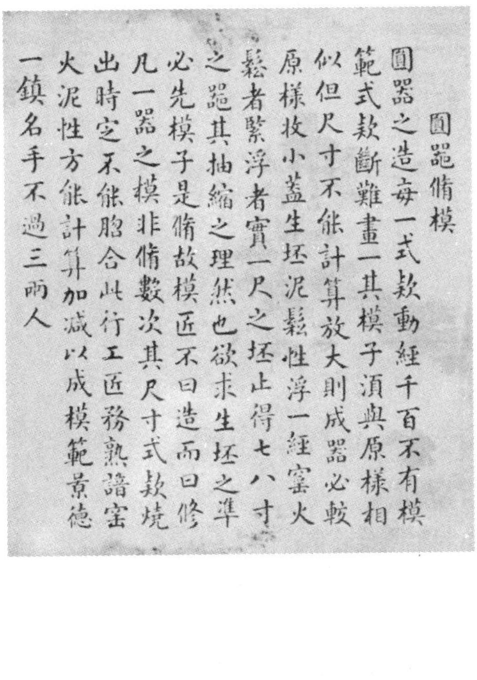

圓器脩模

圓器之造毎一式款動經千百不有模範式款斷難畫一其模子須與原樣相似但尺寸不能計算放大則成器必較原樣收小蓋生坯泥鬆性浮一經窑火鬆者緊浮者實一尺之坯止得七八寸之器其抽縮之理然也欲求生坯之準必先模子是脩故模匠不曰造而曰修凡一器之模非脩數次其尺寸式款烧出時定不能脗合此行工匠務熟諳窑火泥性方能計算加減以成模範景德一鎮名手不過三兩人

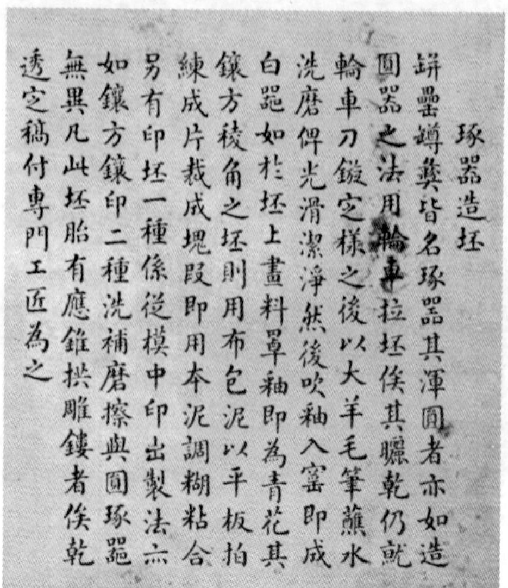

琢器造坯
缾罍罇彝皆名琢器其渾圓者亦如造圓器之法用輪車拉坯俟其曬乾仍就輪車刀鏇定樣之後以大羊毛筆蘸水洗磨俾光滑潔淨然後吹釉入窑即成白器如於坯上畫料罩釉即為青花其鑲方稜角之坯則用布包泥以平板拍練成片裁成塊段即用本泥調糊粘合另有印坯一種係從模中印出製法亦如鑲方鑲印二種洗補磨擦與圓琢器無異凡此坯胎有應錐拱雕鏤者俟乾透定稿付專門工匠為之

是我国第一部宜兴紫砂专著。考古出土的紫砂器也佐证了此著的可靠性和价值。

三 《阳羡茗壶系》的版本

《阳羡茗壶系》有多种刊本问世，有王晫、张潮编纂《檀几丛书》（康熙三十四年，1695）、金武祥《粟香室丛书》（光绪十四年，1888）、冯兆年《翠琅玕馆丛书》（光绪十六年，1890）、盛宣怀收入《常州先哲遗书》（光绪二十五年，1899）。《丛书集成续编》（上海书店，1994年版）亦收入《阳羡茗壶系》，版本源自《常州先哲遗书》。

1.《檀几丛书》是一部小型综合性丛书，汇编类，共十二册，一百零二卷，全书分为初集、二集、余集，收入随笔杂著157篇。其内容“种种毕具，有意披览展卷即得”，犹如传说中“七宝灵檀几，几上文字，随意所及，文字辄现”，故名《檀几丛书》。是书由清人王晫编辑，仅成初集。康熙三十三年（1694）王晫与涨潮结识，出示书稿，张潮大为赞赏，力任校订，并加增补，次年付梓。此后两人又共同编辑二集、余集，以底于成。《檀几丛书》中的二集卷四十六收入周高起的《阳羡茗壶系》一卷。1991年上海古籍出版社出版《檀几丛书》的影印本。

2.冯兆年《翠琅玕馆丛书》（共有三集），光绪十六年（1890）刻本。第一集目录中有《阳羡茗壶系》国朝周高起，《洞山岕茶系》同上。

3.《粟香室丛书》，江阴金氏校刊，《粟香室丛书》总目中有《阳羡风土记》、《阳羡茗壶系》、《洞山岕茶系》。

4.《常州先哲遗书》，史类，收录《阳羡茗壶系》一卷，中附《洞山岕茶系》，明周高起，江阴，粟香室本。可见常州本源自粟香室本。

5.《丛书集成续编》第79册，子部，上海书店，1994年版。工艺类、日用器物之属《阳羡茗壶系》，农家类作物之属《洞山岕茶系》，版本源自《常州先哲遗书》。

四　本书的整理情况

本书以《檀几丛书》为底本，并参考《丛书集成续编》本，两本互校。但因本书所在书系的体例，不出校勘记。其中少量有

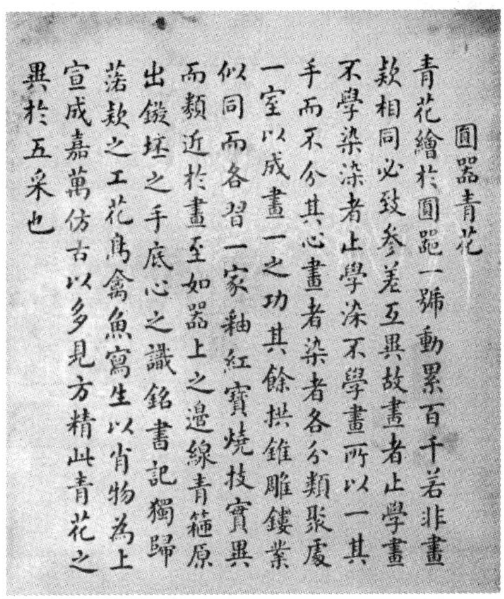

圓器青花

青花繪於圓器一號動累百千若非畫款相同必致參差互異故畫者止學畫不學染染者止學染不學畫所以一其手而不分其心畫者染者各分類聚處一室以成畫一之功其餘拱錐雕鏤業似同而各習一家釉紅寶燒技實異而類近於畫至如器上之邊線青箍原出鏇坯之手底心之識銘書記獨歸落款之工花鳥禽魚寫生以肖物為上宣成嘉萬仿古以多見方精此青花之異於五采也

特殊意义的校勘，在注释中予以说明。

一如书名“阳羡茗壶系”，编者首先注释阳羡（今江苏宜兴）的历史文化沿革，点评其独特的地理位置，自古物华天宝，人杰地灵，出产阳羡茶，制作紫砂壶，陶艺人材辈出，扬名海内外。

其次，因《阳羡茗壶系》是明人周高起所作，就要分析明代中后期，中国封建社会物质文化丰富时期所造就的明人的精神文化，如流行的玩古董，试新茶，追求生活的时尚。明代饮茶方式的改变，即茶叶不再是碾成屑和成香药制成团饼，而是用高温杀青的炒青法制成散茶，加以冲泡，不同于传统的煮茶。紫砂壶因材质的独特性，能发真茶之色香味，成为茶具新宠。至于名手所作的紫砂壶能与黄金争价，直逼三代之古董。周高起面对世日趋华，抑足感矣，因考陶工陶土而为之系。笔者也分为两条线索对陶工一系，陶土一系，详加考订，并做实地考察，寻访大师，两者相印证，才更接近历史的真实。

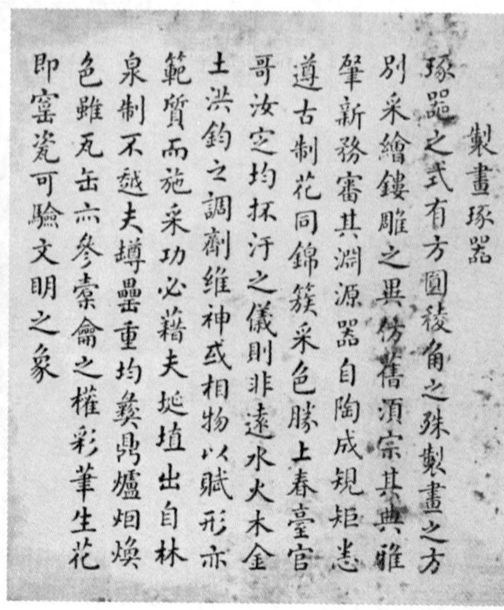
製畫琢器
琢器之式有方圓稜角之殊製畫之方別采繪鏤雕之異仿舊須宗其典雅肇新務審其淵源器自陶成規矩悉遵古制花同錦簇采色勝上春臺官哥汝定均杯汙之儀則非遠水火木金土洪鈞之調劑維神式相物以賦形亦範質而施采功必藉夫埏埴出自林泉制不越夫罇罍重均彝鼎爐烟煥色雖瓦缶亦參櫜龠之權彩華生花即窰瓷可驗文明之象

作为《中国佛教艺术》杂志的一名编辑，注评这本古籍，的确是殊胜因缘。紫砂壶最早是从金沙寺僧创始的，五彩斑斓的紫砂陶土又缘自异僧经行村落，卖富贵土所指。紫砂陶和佛教有着脱不开的关系。作为一名陶艺教师，因陶艺教学之故，考察过宜兴丁蜀镇的紫砂一厂、二厂，景德镇的建国瓷厂、雕塑瓷厂等。我曾比较了景德镇的高岭土和宜兴的紫砂陶土的泥性：高岭土适合拉坯，不适合塑形，因为韧性不足，可塑性差；而宜兴陶土韧性十足，非常适合雕塑塑形，可以想见紫砂陶土工艺不仅仅表现在器物上，还表现在塑作上。高岭土的土色也不如紫砂陶土丰富，而具有魔幻色彩的釉可补之不足，不过瓷土和陶土泥性上各有千秋，并无好坏之分。传统的紫砂壶工艺也是与时俱进，特别是烧制工艺从柴窑变成了煤气窑，亦如景德镇的烧制工艺也在变化。编者注评此著，也是个实践和理论相结合的过程。我重点参考了高英姿选注的《紫砂名陶典籍》（浙江摄影出版社，2000年版），徐秀棠、山谷编著的《宜兴紫砂珍品》（浙江摄影出版社，2000年版），刘汝醴、吴山著的《宜兴紫砂文化

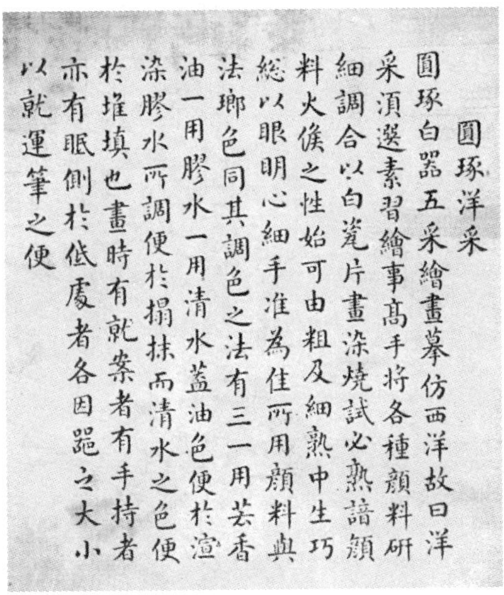

圓琢洋采

圓琢白器五采繪畫摹仿西洋故曰洋采須選素習繪事高手将各種顏料研細調合以白瓷片畫染燒試必熟諳顏料火候之性始可由粗及細熟中生巧總以眼明心細手準為佳所用顏料與法瑯色同其調色之法有三一用芸香油一用膠水一用清水蓋油色便於渲染膠水所調便於搨抹而清水之色便於堆填也畫時有就案者有手持者亦有眠側於低處者各因器之大小以就運筆之便

史》(浙江摄影出版社,2000年版)。图版征用了南京博物院和成阳艺术文化基金会合编的《砂壶汇赏》(香港王朝文化艺术出版社,2004年版),吴山编著的《中国紫砂辞典》(江苏美术出版社,2007年版),夏俊伟、韩其楼著的《中国紫砂茗壶珍赏》(上海科学技术出版社,2007年版),故宫博物院编、王建华主编《你应该知道的200件宜兴紫砂》(紫禁城出版社,2007年版),曲延波著的《中国明清紫砂壶艺鉴赏》(上海科学技术出版社,2008年版),徐秀棠著的《紫砂工艺》(浙江人民出版社,2009年版),一并向这些前贤和机构表示感谢!

疏漏之处在所难免,祈予指正。

司开国

2011年8月

阳羡茗壶系[①]

壶于茶具，用处一耳[②]，而瑞草名泉[③]，性情攸寄[④]，实仙子之洞天福地[⑤]，梵王之香海莲邦[⑥]。审厥尚焉[⑦]，非曰好事已也。故茶至明代，不复碾屑和香药制团饼，此已远过古人[⑧]。

【注释】

①阳羡：即今天江苏宜兴，古称荆溪，始见于春秋战国时期，因境内有苍山清溪而得名。周初，荆溪属于吴国，春秋末年越王勾践灭吴后，改属越国。战国楚威王大败越兵，越国臣服，荆溪也就成为楚地。秦始皇统一中国后，设置阳羡县，先后属会稽郡和吴郡。西晋末年，名将周处的儿子周玘三兴义兵，卫国有功，晋怀帝在永嘉四年（310）设置义兴郡，下辖阳羡、国山、临津等六县，封给了周玘。隋文帝开皇九年（589）废义兴郡，将国山、临津二县重新并入阳羡县，并改名为义兴县，属常州。北宋太平兴国元年（976），因避宋太宗赵光义之讳，改义兴为宜兴。清雍正四年（1726）宜兴分置为荆溪、宜兴二县。民国元年（1912）仍合并为宜兴县。茗：茶之意。《洛阳伽蓝记·正觉寺》："渴饮茗汁。"

②一：专一。《荀子·劝学》："用心一也。"

③瑞草名泉：瑞草，指茶叶。杜牧《三题茶山诗》："山实东吴秀，茶称瑞草魁。"名泉，指适应茶性的有名的泉水，好的水性。古代饮茶对水颇有讲究，喜好名泉，如天下第一泉、天下第二泉。

④攸（yōu）：放在动词前面，组成名词性词组，相当于"所"。《易·坤》："君子有攸往。"

⑤洞天福地：道教用语。多在名山洞府之中，为神仙所居之胜境。古代高道修炼，都很注重选择场地，因为道教认为幽雅秀丽的胜地中，有神灵主宰，修道者不仅心情舒畅宁静，且能得神真的护佑。他们为了将自已选择胜境修道所悟传授后人，遂编写有关名山胜

地的文集，以备后来有心者查考选址。据道书所说，修真炼养的圣地，人据之修道，可望登仙。客观上由于历史的原因，道教早期一些道士在南方沿海一带的活动较为频繁，因此据以稽考的洞天福地的定名，以南方及沿海居多，实际上反映了当时的历史和时代的文化现象。这些洞天福地多在我国名山胜地，至今有不少已辟为风景名胜区。

⑥香海莲邦：佛教用语。佛教中以香、莲花喻佛，借指佛门。

⑦厥：代词，其。尚：推崇，崇尚。

⑧"故茶至明代"三句：说明至明代，制茶、饮茶的方法变化了。唐代饮茶，用蒸青后压制的团饼茶，并搀和橘、盐等调味品。到了宋代，虽仍为饼茶，却去掉盐、橘，改为清饮。明代，用高温杀青的炒青法制成的散茶开始普及。散茶保持了茶的天然纯香味，散茶用冲泡法，取代了捣碎茶饼的方法，促使茶具更新换代，于是紫砂茗壶开始流行。

提梁壶

高17.7厘米，口径7厘米，南京博物院藏，出土于南京中华门外油坊桥明代司礼太监吴经墓。

吴经墓葬年份为明嘉靖十二年（1533），这把壶是我国有纪年可考的最早的紫砂壶。

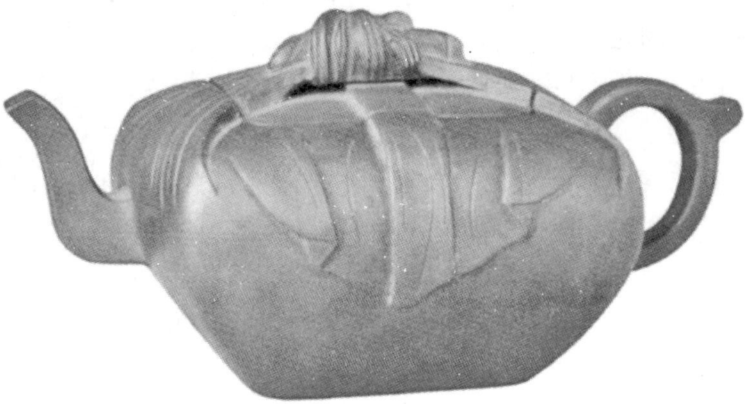

宜兴窑世德堂款包袱式壶

清嘉庆。高8厘米，口径6.7×5.4厘米，足径6×6厘米。

长方形包袱式，嵌盖，方圈足。盖上包袱结与壶身包袱布合为一体，包袱对角打结，一侧为弯流，另一侧为柄，盖里凸印“宝丰”款，壶底凸印篆书“世德堂”印章款。

【译文】

壶就茶具来说，用处是专一的，而上好的茶叶加上有名的泉水，它们能否充分展现其性情却与之息息相关，茶壶真如仙子的洞天福地，梵王的香海莲邦一样，能使饮茶达到极高的境地。考察这种时尚，并非是好事而已。因为到了明代，制茶方法不再是碾成屑和成香药制成团饼，而是用高温杀青的炒青法制成的散茶，这已经是远超过古人的了。

近百年中，壶黜银锡及闽豫瓷①，而尚宜兴陶，又近人远过前人处也②。陶曷取诸③？取诸其制。以本山土砂，能发真茶之色香味④。不但杜工部云“倾金注玉惊人眼”⑤，高流务以免俗也⑥。至名手所作，一壶重不数两，价重每一二十金，能使土与黄金争价。世日趋华⑦，抑足感矣⑧，因考陶工陶土而为之系⑨。

【注释】

①黜：废，贬退。《左传·文公十八年》：“莒纪公生大子仆，又生季佗，爱季佗而黜仆。”柳宗元《封建论》：“有罪得以黜，有能得以赏。”闽豫瓷：福建、河南等地瓷器。这里泛指瓷器，及饼茶时期所推崇的黑瓷建盏等瓷茶具。

②处：处理，安排。《左传·文公十八年》：“先君周公制周礼曰：‘则以观德，德以处事，事以度功，功以食民。’”

③陶曷（hé）取诸：宜兴陶壶可取之处在什么地方，它的可取之处在于它的制作工艺。曷，疑问代词，何，什么。《诗经·王风·扬之水》：“怀哉怀哉，曷月予还归哉？”《汉书·王褒传》：“其得意若此，则胡禁不止，曷令不行？”

宜均天蓝釉鸠首壶

明代，清宫旧藏。高24.5厘米，口径2.4厘米，足径7.6厘米。

曲颈鸠首式，肩颈处凸起弦纹一道，扁球腹，圈足，曲颈中部有唇边入水乳。深紫色砂泥，外罩纯净的天蓝釉，釉汁匀净，光亮宜人。明代宜均的釉色主要有天蓝、天青，其次是月白、米色等。晚明时期宜兴窑开创紫砂挂釉器，明人谷应泰《博物要览》载：“近年新烧，皆宜兴砂土为骨，釉水微似，制有佳者，但不耐用。”明代宜均也称欧窑，《陶说》记载：“明时江南常州府宜兴欧姓者造瓷器，曰欧窑。”这件天蓝釉鸠首壶，造型优雅，釉色纯正，代表了明代宜均制作的最高水平，除清宫旧藏以外，未见有其他相同传世品。

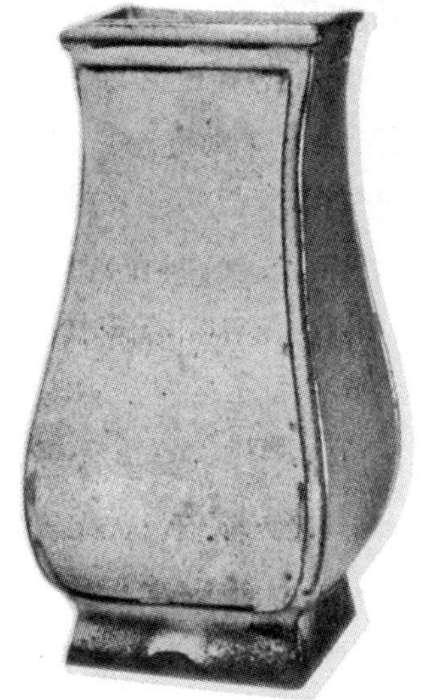

宜均汉方壶

明代，清宫旧藏。高9.4厘米，口径7.8×7.5厘米，足径8.8×8.5厘米。

方口，垂腹，方圈足。形制由古代青铜器汉方壶演变而来。深紫色砂泥，胎略厚，里外施乳浊的灰蓝色釉，里釉只施及里口下两寸处，外施釉至圈足处。是常见的宫廷陈设瓷器。

④真茶：即散茶，炒青法制成，味纯香，区别于掺和橘、盐香料的饼茶。

⑤倾金注玉惊人眼：杜甫《少年行》其一："莫笑田家老瓦盆，自从盛酒长儿孙。倾银注玉惊人眼，共醉终同卧竹根。"王晫、张潮《檀几丛书》本中为"倾金"，杜甫诗中为"倾银"。

⑥高流：高雅风流。务：一定，务必。柳宗元《断刑论》："赏务速而后有劝，罚务速而后有惩。"

⑦华：浮华。《后汉书·王符传》："是以朋党用私，背实趋华。"

⑧抑：连词，表示轻微的转折。《论语·子张》："子夏之门人小子，当洒扫应对进退则可矣，抑末也，本之则无。"

⑨系：世系，系统。杜甫《赠比部萧郎中十兄》诗："汉朝丞相系，梁日帝王孙。"

【译文】

最近一百年来，茶壶不用银锡器，也不用福建河南的瓷器，而崇尚宜兴的紫砂陶，这是近人远超前人的选择。宜兴紫砂陶壶的可取之处在什么地方？它的可取之处在于它的制作工艺。用宜兴本地山上的陶土制成的紫砂壶，能够发挥真茶的色香味。不但杜甫的诗句中有"倾金注玉惊人眼"，高雅的壶一定是不落俗套的。至于名家所作的壶重不过数两，价值却是达一二十两银，陶土能与黄金价格不相上下。世风日益趋向浮华，真是深有感触，于是考察陶工陶土的世系渊源。

【点评】

《阳羡茗壶系》是记载宜兴紫砂壶最早的文献资料。开篇"壶于茶具，用处一耳，而瑞

宜兴窑紫砂黑漆描金彩绘方壶

清雍正，清宫旧藏。高11.5厘米，口径12×9厘米，足径9×8厘米。

直口，略呈长方形，器身方中见圆。弯流，方柄，下承四方折角随形足。出沿式盖，方亭式钮。厚重的紫砂内胎，外髹黑漆上以金彩描绘山水图。壶身描金漆绘保存完好，盖上大部分脱落。以漆髹饰紫砂壶始于明代，清雍正年间吸收了漆器重彩描金的技法，将壶体装饰得金碧辉煌。此壶造型大气，描金漆画精美异常，具有典型的皇家风范，是迄今仅存的旧藏雍正紫砂胎黑描金彩绘壶。

宜兴窑炉钧釉汉方壶

清嘉庆。高24厘米，口径11×10.7厘米，底径14.3×13.1厘米。

方口，方底，长流，长环柄。紫砂内胎，外施炉钧釉，胎体轻薄。器底釉下阴刻的篆书款识已经辨别不清。

草名泉，性情攸寄，实仙子之洞天福地，梵王之香海莲邦”，点明茶与茶具，宜兴阳羡茶与紫砂壶两者是雅事的结合，这是明人饮茶之风日炽的表现。

茶圣陆羽在《茶经·八之出》：“常州次，常州义兴县生君山悬脚岭北峰下，与荆州、义阳郡同；生圈岭善权寺、石亭山，与舒州同。”义兴县，即今江苏宜兴，汉阳羡县，唐属常州。常州所贡茶即宜兴紫笋茶，又称阳羡紫笋茶。《唐义兴县重修茶舍记》载御史大夫李栖筠为常州刺史时，“山僧有献佳茗者，会客尝之，野人陆羽以为芬香甘辣，冠于他境，可荐从之，始进万两，此其滥觞也”。大历间，遂置茶舍于罨画溪。唐裴汶《茶述》把义兴茶列为全国第二类贡品。《宜兴县志》（陈遴玮、王升，万历十八年）：[山川]南岳山，在县西南一十五里山亭乡，即君山之北麓，……盖其地即古之阳羡产茶处。每岁季春，县官亲往祭省于此，然后采以入贡。

阳羡（今江苏宜兴）濒临太湖，是鱼米之乡，自古以来物华天宝，人杰地灵。宜兴的气候

宜兴窑百果壶
清代，清宫旧藏。高9厘米，足距5.5厘米。
壶身圆形，上点缀瓜子、蚕豆、白果、莲子等果实，辣椒为流，菱角为柄，蘑菇为盖。紫红色砂泥。

温和湿润，雨量充沛，农事富庶，是古代“阳羡茶”、“晋陵紫笋”、“顾渚紫笋”和“罗岕茶”的产地。唐代宜兴茶被选为贡茶，称“晋陵紫笋”、“阳羡紫笋”。由于皇家的重视，茶树由野生而成为农作物栽培，扩大到民间，饮茶之风盛行开来，也符合文人雅士清饮风流。谢应芳《煮茗轩》：“聚蚊金谷任荤膻，煮茗留人也自贤；三百小团阳羡月，寻常新汲惠山泉。星飞白石童敲火，烟出青林鹤上天；午梦觉来汤欲沸，松风初响竹炉旁。”宋代阳羡茶所产“雪芽”负有盛名。苏轼有诗：“柳絮飞时笋箨斑，风流二老对开关。雪芽为我求阳羡，乳水君应饷惠山。竹簟水风眠昼永，玉堂制草落人间。应容缓急烦闾里，桑柘聊同十亩闲。”元代，宜兴茶仍有相当高的地位。明代，宜兴茶风更盛。《吴兴掌故录》：“明太祖喜欢顾渚茶……县官亲诣采茶进南京奉先殿，焚香而已，未尝别有上贡。”

唐宋以来饮茶品茗本属于文士雅集待客方式，到了明代，民间用茶量也大大增加，饮茶生活丰富起来，对茶具就有了多样的选择。

“近百年中，壶黜银锡及闽豫瓷，而尚宜兴陶，又近人远过前人处也。”近百年中，按周高起的生年推算，当在明代嘉靖前后，人们用茶，喜欢宜兴紫砂壶，是因为“以本山土砂，能发真茶之色香味”，是紫砂陶土本身的物理和化学性质极为特殊使然。

据科学检测，紫砂泥属于沉积性陶土，矿物组成是含铁丰富的黏土——石英——云母系。紫砂泥从泥坯成型到烧成收缩率8%左右，烧成范围较宽，变形率小，生坯强度大。在紫砂壶壶把、壶嘴、壶身结合过程中，能做到天衣无缝。紫砂泥自身可以单独成陶，成品陶中有双重气孔结构，具有良好的透气性；紫砂壶口、壶盖配合紧密，减少混有黄曲霉菌等霉菌的空气流入，相对延迟茶叶变质发馊的时间，能较长时间保持茶叶的色香味，紫砂壶冷热急变性能也好。紫砂泥成型后不施釉，宜于压光挤平，使富有光泽的外表烧成后，用的时间越久，茶水冲泡时间越长，这是其他陶瓷制品无法比拟的。

明代社会人口持续增长，城市经济比宋代有了更进一步的发展。在城市生活中，开始从劳作转向享受，随之出现了流行时尚。明末清初著名诗人吴伟业在《秣陵春》传奇中，借用纨绔子弟真琦之口，说出了玩古董、试新茶的生活特点，这是明代文人生活时尚的体现。时尚一旦形成，可以牵动百姓从之。明人袁宏道写《时尚》一篇，介绍了苏州一带的著名工匠，以及他们所制作的器物如何风行全国的过程。据他记载，当时瓦瓶制作名家有供春、时大彬，每一件器物价值一二十两银。张岱《陶庵梦忆·砂罐锡注》中："宜兴罐，以供春为上，时大彬次之，陈用卿又次之。锡注，以王元吉为上，归懋德次之。夫砂罐，砂也；锡注，锡也。器方脱手，而一罐一注价五六金，则是砂与锡与价，其轻重正相等焉，岂非怪事！一砂罐、一注锡，直跻之商彝、周鼎之列而毫无惭色，则是其品地也。"供春壶、大彬壶甚至与三代骨董并列，可见受追捧之极。

周高起感觉紫砂壶虽然是好货，但名家所作壶，能使土与黄金争价，紫砂壶随世风趋向奢华，于是就想探求陶工陶土的世系渊源。这既是明代丰富物质文化生活的反映，也证明《阳羡茗壶系》的价值。周高起以鉴赏家眼光写出紫砂工艺的发展过程，逐一记述从初创、发展到兴盛阶段涌现出的能工巧匠，考订其生平、习惯、师承、所见作品，进行品评，涉及紫砂土分类品性，紫砂壶适应茶叶的特性，用壶保养习惯等。《阳羡名壶系》是我国第一部关于宜兴紫砂的专著。

明仇英《写经换茶图》

绢本设色，纵22厘米，横110厘米，美国克利夫兰美术馆藏。

仇英，字实父，一作实甫，号十洲，太仓（今江苏太仓）人。关于他的生卒年代，画史无载，徐邦达先生考证他生于弘治十五年（1502），卒于嘉靖三十一年（1552），终年51岁。单国霖先生考证他生于弘治十一年（1498），卒年与徐先生看法一致，终年55岁。仇英年轻时善画，结识了许多画家，为文徵明、唐寅所器重，又拜周臣门下学画，并在收藏家项元汴家中见识了大量古代名作，临摹创作了大量精品。仇英与沈周、文徵明、唐寅被后世并称为"明四家"。仇英擅长人物画，尤工仕女，重视对历史题材的刻画和描绘，吸收南宋马和之及元人技法，笔力刚健，对后来的尤求、禹之鼎以及清宫仕女画都有很大影响。仇英的山水画多学赵伯驹、刘松年，发展南宋"院体画"传统，综合前代各家之长，保持工整细丽的古典传统，融入文雅清新的趣味。张丑在《清河书画舫》中评价仇英画："山石师王维，林木师李成，人物师吴元瑜，设色师赵伯驹，资诸家之长而浑合之，种种臻妙。"

《写经换茶图》卷后有五处题跋，第一处，文徵明书写《心经》，并落款：嘉靖二十一年岁在壬寅九月廿又一日书于昆山舟中，徵明。第二处，逸少书换鹅，东坡书易肉，皆成千载奇谈，松雪以茶戏恭上人，而一时名公咸播，歌咏其风流雅韵，岂出昔贤下哉。然有其诗而失是经，于舜请家君为补之，遂成完物。癸卯仲夏文彭谨题。第三处，松雪以茶叶换般若，自附于右

军，以《黄庭》易鹅，其风流蕴藉，岂特在此微物哉。盖亦自负其书法之能继晋人耳，惜其书已亡，家君遂用黄庭法补之。于舜又请仇君实甫以龙眠笔意写书经图于前，则此事当遂不污矣。癸卯八月八日，文嘉谨识。第四处，昆山周于舜博雅好古，尝得赵承旨以般若经换茶诗，而亡所书经，遂请仇实甫图之，而文待诏徵仲为补书小楷《心经》皆极精好，即承旨复生，亦当击节，世懋得此卷于舜家先所珍藏。承旨行书《心经》为力上人写者妙若合璧，因以换茶诗诸跋足之，而实甫图徵仲书，居然自成一胜，政无所借承旨跋也。徵仲两子寿承、休承各跋补书之。意惜其字，皆入品，不忍去之。盖一举而得两完物，自谓得荣览者，毋以跋为疑也。万历甲申十月朔王世懋题于损斋中。第五处，周于舜字六观，昆山人，收藏甚富，十洲尝馆其家，作子虚、上林二图，五年始成。文待诏为书二赋，此卷为六观作，当在其时图中。松雪象与本传，所言不同，然往见小楷《尚书注序》，前有提举杨叔谦画，象亦作广颡与此正同，知十洲必有所本也。壬寅上巳携松雪临褚黄庭十洲，模冷启敬蓬莱仙弈两卷，谒吾师于山庐，出示此图，属记于后。武进费念慈。

通过题跋可知，历史上赵孟頫曾写《心经》换得禅茶。画中士人应是赵孟頫在书写《心经》，对面坐一僧人，林中一位童子为赵孟頫煮茶，炉边几上还放着若干茶器，另一童子捧着茶器恭奉。明代昆山周于舜曾得到过赵孟頫写的心经换茶诗，但后亡逸，于是请仇英描绘当年情景，文徵明补写小楷《心经》非常好，如同赵孟頫再生，文徵明的两个儿子也各自题跋。

创　始①

金沙寺僧②，久而逸其名矣③。闻之陶家云，僧闲静有致，习与陶缸瓮者处④，抟其细土⑤，加以澄练，捏筑为胎，规而圆之，刳使中空⑥，踵传口、柄、盖、的⑦，附陶穴烧成，人遂传用。

【注释】

①创始：即开始之意。

②金沙寺僧：传为明代制作紫砂茗壶的高手。生卒年不详，佚名。金沙寺僧之确切年代较难考证，推断比供春年代略早，约在成化、弘治（1465—1505）年间。金沙寺在江苏宜兴离鼎蜀镇约十余里，为唐相陆希声之山房。孙诗云："说是鸿磬读书处，试寻幽伴拄孤藤。"传建炎间，岳武穆曾提兵过此留题。金沙寺僧制壶的方法，看起来比较简单，样式只有圆形一种。

③逸：通"佚"，亡失，散失。柳宗元《武功县丞厅壁记》："壁坏文逸。"

④习：习惯，常常。《商君书·战法》："民习以力攻难，故轻死。"

⑤抟（tuán）：把东西捏聚成团。《周礼·考工记·鲍人》："卷而抟之。"

⑥刳（kū）：挖空。《周易·系辞下》："刳木为舟。"

⑦踵：跟着，继续。《晏子春秋·内篇杂下》："比肩继踵而在，何为无人？"的：紫砂壶盖上的钮，俗称"的子"。

【译文】

创始，开始。

金沙寺的僧人，由于时间久远，其名字也不知道了。听作陶的匠人说，僧人有闲情逸志，常与作陶缸、陶瓮的工匠相处，将陶泥中较为细腻的泥料糅在一起，用水浸泡，去除杂质，再糅合在一起，用手捏成胎形，并规整成圆形，将泥坯中间挖空，接上壶口、壶柄、壶盖、壶盖

摄于南京博物院陶瓷馆，模仿柴窑陈列，试可见“壶乃另作瓦缶，囊闭入陶穴”。

钮，放在陶窑里烧制而成，人们就可以相传着使用了。

【点评】

明代紫砂壶创始于佚名的金沙寺僧人，说明茗壶与佛教有着很深的渊源。唐代以前，就有许多佛教僧侣饮茶的记载。唐代，茶已经深入山门，天下名山僧占多，名山名寺出名茶。茶圣陆羽在所写的《陆文学自传》中称自己不知所生，三岁时被遗弃野外，竟陵龙盖寺（后改名为西塔寺）僧智积在水滨拾得而收养于寺。陆羽幼年在龙盖寺时为智积师父煮茶，煮得非常好，以至于陆羽离开龙盖寺后，智积便不再喝别人为他煮的茶，因为别人煮的没有陆羽煮的合乎积公的口味（《纪异录》）。唐代大历年间，“一日不作，一日不食物”的百丈怀海禅师在制定整肃禅林的《禅门规式》（又名《百丈清规》）时将茶事列入清规。《百丈清规》将僧人植茶、制茶纳入农禅内容，将僧人饮茶纳入寺院茶礼，并将其制度化。寺院建筑中，增加了僧人专门吃茶的场所——茶寮（杨慎《艺林伐山》十五《茶寮》曰："僧寺茗所茶寮，寮，小窗也。"）负责茶寮的僧人为寮主和副寮，寺院里还有专门负责于佛祖之灵前献茶的僧人或煮茶供客之役僧"茶头"或"施茶僧"。《敕修百丈清规》中规定每日例行茶汤会的程序是：每日粥罢，（寮元）令茶头行者门外候众至，鸣板三下。大众归寮，寮长分手。寮主、副寮对面左右位。副寮出，烧香归位。茶头喝云，大众和南遇旦望点汤。由于寺院里茶汤会频繁，茶器也成为接引禅僧顿悟的先机。饮茶对僧人来说，不仅有参禅夜读提神醒脑的作用，而且还有引领禅僧们明心见性、悟道成佛的禅机妙用。留下了许多禅宗公案，如药山惟俨禅师的"点茶与这僧"和赵州从谂禅师那著名的"吃茶去"，以至"饭后三碗茶"成为"和尚家风"，茶与禅已融为一体，奠定了"禅茶一味"的禅风和茶风。正是寺院禅茶之风炽热，寺院僧人尝试着制作茶壶，金沙寺僧人把紫砂壶从粗陶中分化出来，加以澄练，捏成胎形，并规整成圆形，将泥坯中间挖空，接上壶口、壶柄、壶盖、壶盖钮，放在陶窑里烧制，紫砂壶就做好了。这虽然有点简陋，但首创之功，功不可没！

明仇英《松溪论画图》

绢本设色，纵60厘米，横105厘米，吉林省博物馆藏。

《松溪论画图》中左侧画苍松巨岩，临水平坡上，有二老者席地而坐，欣赏画卷，还有二童在树下汲水煮茶。人物形态准确生动，形神毕肖，颇有生活情趣。山石采用“小斧劈”皴法，方硬嶙峋，富有质感。画面意境清旷，静中见动。

正　始①

供春②，学宪吴颐山公青衣也③。颐山读书金沙寺中，供春于给役之暇④，窃仿老僧心匠⑤，亦淘细土抟胚⑥，茶匙穴中，指掠内外。指螺文隐起可按，胎必累按，故腹半尚现节腠⑦，视以辩真。今传世者，栗色闇闇⑧，如古金铁，敦庞周正，允称神明垂则矣！世以其孙龚姓，亦书为"龚春"。人皆证为龚，予于吴冏卿家见时大彬所仿⑨，则刻"供春"二字，足折聚颂云。

【注释】

①正始：相对于创始而言，有发展之意。

②供春：是吴颐山的家僮。供春侍奉主人之余，从金沙寺僧那里学会制壶技法，并有所发展。曾创制"龙蛋"、"印方"、"刻角印方"等新样式。把紫砂壶从粗糙的手工业制品发展为精致的工艺美术制品。

③学宪：对学政的尊称。吴颐山：即吴仕，颐山为其号，字克学。吴颐山是正德丁卯（1507）发解元，甲戌（1514）进士，以提学副使擢四川参政。青衣：着青衣的书僮。

④役：仆役，供人役使。《左传·定公元年》："季孙使役如阙。"暇：空闲。

⑤心匠：指独特的构思设计。白居易《白蘋洲五亭记》："大凡地有胜境，得人而后发；人有心匠，得物而后开。"沈括《梦溪笔谈·书画》："益之布置尚能如此，其心匠可知。"王世贞《艺苑卮言》卷一："遇有操觚，一师心匠，气从意畅，神与境合。"

⑥胚：应作"坯"。

⑦腠（còu）：皮肤的纹理。司马相如《难蜀父老》："躬腠胝无胈。"

⑧闇闇（àn）：昏暗。王逸《九思·守志》："彼日月兮闇昧。"《礼记·祭义》："周人祭日，以朝及闇。"

⑨吴冏（jiǒng）卿：生卒年不详，明代收藏家，曾经收藏黄公望《富春山居图》。吴氏对此画珍爱异常，在他临终前，焚画以为殉葬，幸亏他的侄儿用其他画从火中换出，而后，将烧焦部分揭下另裱，就是著名的《剩山图》。

【译文】

正始，发展。

供春是学政吴颐山的青衣小僮。吴颐山在金沙寺读书时，供春陪读做杂活的余暇，偷偷模仿老僧人的构思，淘洗陶土，糅合成坯，用茶匙插入穴中，手指捏筑内外形。手指按螺纹的纹路，壶胎多次按捏，壶的腹中部会出现像皮肤的纹理，看到这种造型，就可辨别真正的供

供春款六瓣圆囊壶

高9.9厘米，宽11.8厘米，底印大明正德八年（1513）供春。此壶现藏中国国家博物馆。

1928年，曾三任江苏议会议员的储南强先生（1876—1959）在苏州地摊上发现了树瘿壶，并作了大量的考证，撰写了数万言的文章，证明它是供春所作。他还在所配的盖外沿镌刻铭文："作壶者供春，误为瓜者黄玉麟，五百年后黄宾虹识为瘿，英人以二万金易之而来，能重为制盖者石民，题记者稚君。"顾景舟大师多次说他曾见过好几把这种造型的供春壶，此壶应不是供春所作。由于供春的盛名，明末以降，署有他名字的茶壶时有发现，这把供春款六瓣圆囊壶可供紫砂爱好者观摩。

春壶。现在传世的供春壶，色泽沉着，像古代的金属铁器，造型规整朴实，可以说是神明的流传！世人因他的孙子姓龚，也把他写成“龚春”。人人都证明姓龚，我在吴冏卿家见时大彬所仿的壶，则刻着“供春”二字，足以驳倒所流传的。

董翰，号后谿，始造菱花式①，已殚工巧②。赵梁，多提梁式。亦有传为名良者。玄锡。时朋，即大彬父。是为四名家，万历间人，皆供春之后劲也。董文巧，而三家多古拙。李茂林，行四，名养心。制小圆式，妍在朴致中③，允属名玩④。自此以往，壶乃另作瓦缶，囊闭入陶穴，故前此名壶，不免沾缸坛油泪。

李茂林：菊花八瓣壶

高9厘米，宽11.5厘米。

此壶材质取紫泥调砂，颗粒隐现。鼓腹，截盖，壶盖犹如一朵盛开的秋菊。壶底周边饰有四如意矮足，八瓣菊花线条分布均匀，等分成十六条筋纹线，凹凸相间，上下一体，造型工整。壶底印款“李茂林造”四字楷书阳文方印。

【注释】

①菱花式：即紫砂造型中的筋纹器。菱花以八瓣居多，紫砂壶造型制成八条筋纹花瓣形，称为菱花式。

②殚：尽，竭尽。张衡《东京赋》："征税尽，人力殚。"

③缀（zhì）：细密，精密。

④允：的确，确实。《诗经·大雅·公刘》："豳居允荒。"玩：供玩赏的东西。

【译文】

董翰号后谿，开始制作菱花式筋纹器，已经是精工细致了。赵梁，多作提梁式紫砂壶，也被传为有名的良匠。还有玄锡。时朋是时大彬的父亲。这四位是万历年间人，都是供春之后的名家。董翰的紫砂壶文巧，而其他三家比较古拙。李茂林，排行第四，名养心。制作小圆式紫砂壶，在朴实中呈现妩媚，的确属于有名的紫砂壶。从此以后，紫砂壶烧制就另作瓦缶，封闭装起来放入陶窑，而此前的紫砂壶烧制时，釉料高温滴落时难免喷到壶身上。

时朋：紫砂财神

【点评】

供春是紫砂工艺史上第一位留名的匠师，是紫砂壶艺的正式创始者。据推算，供春大约出生于公元1500年前后，即明弘治十三年左右。明代吴梅鼎在《阳羡茗壶赋》中盛赞：

余从祖拳石公，读书南山，携一童子名供春，见土人以泥为缶，即澄其泥以为壶，极古秀可爱，世所称供春壶是也。……稽三代以博古，考秦汉以程功。圆者如丸，体稍纵为龙蛋；方兮若印，角偶刻以秦琮。脱手则光能照面，出冶则资比凝铜。彼新奇兮万变，师造化兮元功。信陶壶之鼻祖，亦天下之良工。

徐喈凤《重修宜兴县志》：

供春制茶壶，款式不一，虽属瓷器，海内珍之，用以盛茶不失原味，故名公臣卿高人墨士，恒不惜重价购之。

关于供春的姓名，是供春还是龚春，似乎是一个聚讼纷纭的问题。近人李景康、张虹合

宜兴窑凸起雕饕餮纹花觚

清乾隆。高15厘米，口径18.2厘米，底径9.2厘米。

仿商周青铜器造型，喇叭口，束颈，近底渐外撇，浅圈足。腹部弦线下有篆书"陈觐侯制"四字印章款。深栗色砂泥，细润致密。颈部浮雕蕉叶饕餮纹，腹及下半部饕餮纹采用"二层花"浮雕装饰法，古朴雅致。

著的《阳羡砂壶考》说："梅鼎举其名，故曰'供春'，槎客及府志存其姓，故曰'龚春'，是则姓龚名供春无疑。"又出现了龚供春的说法。其中吴梅鼎的说法最具说服力，因为他是吴颐山的后人，供春是他家里的僮仆，故为供春而不疑。

供春之后有几位名家董翰、赵梁、玄锡、时朋、李茂林，从他们开始，紫砂壶封闭着放在陶窑里烧制，烧成很干净。这是紫砂壶烧成技艺的一大进步，也是识别紫砂器断代的标志之一。之前，包括金沙寺僧和供春制作的紫砂壶，是与日用粗陶混合在窑里烧成，不免黏上缸坛釉泪，这在考古发现中也得到了证明。

明陈洪绶《闲话官事图》

陈洪绶，字章侯，幼名莲子，一名胥岸，号老莲，别号小净名、晚号老迟、悔迟，又号悔僧、云门僧，浙江诸暨枫桥镇陈家村人。明季国子监生，曾入绍兴云门寺为僧，明亡时为清军俘获，虽胁以死，亦不肯为之作画。工人物。官事，指公家的事；官府的事宜。《闲话官事图》中，男子是官人，与妻子在庭院中隔石桌而坐。妻子展书说着书中的内容，官人相视，石桌上茶壶一把，茶杯两个，可以对饮，一只梅瓶在侧，两人闲聊书中所论官府之事。

大　家

时大彬，号少山，或淘土，或杂硇砂土①，诸款具足②，诸土色亦具足。不务妍媚而朴雅坚栗，妙不可思。初自仿供春得手，喜作大壶，后游娄东③，闻陈眉公与琅琊、太原诸公品茶施茶之论④，乃作小壶。几案有一具，生人闲远之思。前后诸名家并不能及，遂于陶人标大雅之遗⑤，擅空群之目矣⑥。

【注释】

①硇（náo）砂：即硇砂。宜兴当地称土中的砂粒为硇砂。

②诸款具足：紫砂的各种款式发展都很充分。

③娄东：据史料记载，春秋时，太仓隶属吴国之地，由于吴王在此地建仓屯粮而得名太仓，又称娄东。

④陈眉公：陈继儒（1558—1639），明代文学家、书画家，字仲醇，号眉公，华亭（今上海松江）人，工诗善文，兼能绘事，论画倡导文人画，持南北宗论，著有《妮古录》、《陈眉公全集》。琅琊：即清代画家王鉴。太仓王氏是在南朝金粉之地留下深刻历史印记的琅琊王氏的余脉。自西晋永嘉年间王导率族南渡后，世居江东，清代画坛领袖王鉴属于此脉。王鉴（1598—1677），字玄照，号湘碧，自称染香庵主，太仓（今江苏太仓）人，王世贞孙子。受董其昌影响，追董源、巨然，善于青绿设色，当时和王时敏被推为画坛领袖。王士禛有《题元照小图》诗云："琅琊家世凤麟州，翰墨人间第一流；松势高低疑鹤啄，溪光参伍学蚕头。"太原：指王时敏（1592—1680）。《国朝画征录》说，太原王时敏，字逊之，号烟客，太仓（今江苏太仓）人，相国文肃公锡爵孙翰林衡子也，资性颖异，淹雅博物，工诗文，尤长八分而于画有特慧。

⑤标：标杆，标记，引申为标明。遗：遗留。

⑥擅：独揽。《史记·货殖列传》："而擅其利数世。"目：眼睛，引申为头目。

【译文】

大家。

时大彬号少山，制作紫砂壶有时陶土，有时调砂，将紫砂壶的各种款式以及土的色泽变化发展得比较充分。时大彬紫砂壶艺避免妩媚，而追求朴素典雅坚实沉着的风格，奇妙而不可思议。起初，时大彬模仿供春，喜好作大壶，后来游历太仓，听闻陈继儒与王鉴、王时敏诸公品茶作茶的谈论，于是作小壶，以应文人饮茶风尚之需。在文人雅士的几案上，有一具时大彬所作的紫砂壶，令人发悠远之遐思。时大彬前后各位名家的紫砂技艺无人能超过他，于是时大彬在作陶人中成为标明紫砂陶艺向大雅方向发展的人物，是执牛耳者。

时大彬：六方壶

高11厘米，口径5.7厘米。于1968年扬州江都丁沟镇曹氏墓出土，墓葬年代为明万历四十四年（1616），现存扬州博物馆。

此壶泥质不纯，杂有小颗粒。六角形壶片，每片宽度不十分规整，是裁泥片镶接而成的。壶嘴六角形，壶把五条棱，均为切削而成。嘴、口、把不在一条水平线上，壶底有"大彬"两字刻款。

宜兴窑鸳鸯式盒

清乾隆，清宫旧藏。高6厘米，长9.5厘米。

鸳鸯埋头睡卧于羽毛中，尾部上翘，双足半露于腹下，黄粉色砂泥，惟妙惟肖。紫砂鸳鸯盒清爽干净，大小适宜，可能用于宫中妇女盛装的化妆盒。

【点评】

时大彬是继金沙寺僧、供春之后紫砂壶技艺的集大成者，在紫砂工艺发展史上起到承前启后的历史作用。时大彬的成就最先得自于家传因素，他的父亲时朋是供春后的四名家之一，以古拙见长。时大彬初模仿供春壶，后来自创一家，对紫砂壶艺贡献颇多。

首先是在供春淘土的基础上进行的创新。杂硇砂土，这一方面增加土质的强度，另一方面在细腻的淘土中，映现砂质肌理的效果，兼有实用和装饰的效果。“不务妍媚而朴雅坚栗，妙不可思。”“壶之土色，自供春而下，及时大初年，皆细土淡漠色，上有银沙闪点。迨硇砂和制，縠绉周身，珠粒隐隐，更自夺目。”烧成之后，因其表面光泽亚暗，平整中含有小颗粒状的变化，表现出一种砂质效果，断面就更为明显。

二是茶壶造型“诸款具足”。有圆器、椭圆器、腰圆器、方器，有提梁式、环把式，壶盖有贴花、双层饼盖、鼎足盖等样式。紫砂造型有菱花八角、形类僧帽、梅花砂壶、方壶、提梁卣、汉觯、口柄肥美、扁如柿饼、六角、菱花式、扁花篮形、大壶，都是时大彬的壶型款式，颜色有金紫、浓紫、猪肝色等。

宜均祥符铭茶叶末釉葫芦瓶

明代，清宫旧藏。高13.5厘米，口径1.6厘米，足径4.3厘米。

葫芦式，小口，葫芦双球体上圆下扁，卧足。通体施窑变茶叶末釉，釉表有一层浅黄色窑变白斑纹。外口下剔楷书“祥符”二字。此瓶造型古朴敦实，与晚明景德镇官窑烧制的瓷质葫芦器形制相同。

三是从喜作大壶到乃作小壶，迎合文人书房品味人生世俗的幽思，名流雅集品茗之乐事。冯可宾编刊《广百川学海丛书》中有专门章节讨论茶具。冯可宾认为“茶壶，窑器为上，锡次之。茶杯汝、官、哥、定，如未可多得，则适意者为佳耳。或问茶壶毕竟宜大宜小？茶壶以小为贵，每一客，壶一把，任其自斟自饮，方为得趣。何也？壶小则香不涣散，味不耽阁，况茶中香味，不先不后，只有一时。太早则未足，太迟则已过。的见得恰好，一泻而尽。化而裁之，存乎其人，施于他茶亦无不可。”

四是时大彬开创了在紫砂壶身上题铭落款的做法。宜兴的紫砂壶从好古尚朴，万历以后逐渐趋向精致文雅一路。这种新风气与景德镇的风格有所区别，表现为文人意趣。在紫砂壶上刻上铭文，增加文学要素。如沈子澈尝为人制菱花壶，铭之曰：“石根泉，蒙顶叶，漱齿鲜，涤尘热。”书法是中国文人不可缺少的修养，紫砂工艺迎合文人士大夫生活，在壶上作书也成为紫砂壶艺的一个组成部分。时大彬最初并不擅长书法，款识必先请人落墨；然而时大彬在长期钻研书法后，终于写得一手漂亮的王羲之书法，才自己铭刻署名；甚至出现“李大瓶，时大名”这样的情形。在壶艺界提倡书法，时大彬是个首创者，然后影响到他的学生们，李仲芳有时也代时大彬刻款，徐友泉亦擅书法。

五是时大彬最大的贡献是对紫砂壶成型制作工艺的突破，他是使紫砂壶圆器拍打成型和方器泥片裁接成型方法趋于成熟的人物，从而形成了与瓷器不同的造型方法。紫砂壶与日用陶的制作方法不同，不用模子，也不用轱辘拉坯，而是用泥条围筒、拍打收口镶接，凭空成型，即打身筒，使紫砂壶具有了“方非一式，圆不一相”千变万化的可能。

明代文人饮茶风气促进了紫砂壶艺的发展。由于商业经济的不断发展，城市风尚日渐浮华，在江浙一带表现尤为明显。城市中的士大夫阶层的生活沉迷于琴棋书画、斗茶、饮宴中。明代以前文人墨客在茶的采植、焙制、贮藏等方面，积累了许多经验。这种风雅的生活，传到明代中期，在士大夫生活中发扬传承。如时大彬游娄东，闻陈眉公与琅琊、太原诸公品茶施茶之论。也正如周高起所说“茶至明代，不复碾屑和香药制团饼，此已远过故人”。明代中期茶风大盛以后，宜兴紫砂风行起来，为士人所推崇。时大彬所作的紫砂壶为文人所推崇，也遂事理。

宜兴窑惠逸公款凸莲瓣碗

清代，清宫旧藏。高5.9厘米，口径12.6厘米，足径5.5厘米。

口微撇，出边，圈足起弦线。深紫色紫砂，细润光洁。碗上部光素，下部凸雕13莲瓣，每瓣内以细线勾勒。底有篆书“惠逸公制”四字印章款。

冯超然《竹林煎茶图》

冯超然（1882—1954），名迥，字超然，以字行，号涤舸，别署嵩山居士，晚号慎得，晚年寓居上海嵩山路，署其居为嵩山草堂。早年精仕女，以唐寅、仇英为法；晚年专攻山水；好吟咏，工行草篆隶，偶刻印；一生卖画为生。

《竹林煎茶图》描绘丘陵地带一山涧泉边，一童子用提梁紫砂壶汲水挥扇加火煎茶，那时饮茶方法还不是泡茶法。一文士坐在小竹林边石头上，正待茶煮好可以饮用。画面右上角题诗。

名　家

李仲芳，行大，茂林子，及时大彬门，为高足第一[①]。制度渐趋文巧[②]，其父督以敦古[③]。仲芳尝手一壶，视其父曰："老兄这个何如？"俗因呼其所作为"老兄壶"[④]。后人金坛[⑤]，卒以文巧相竞。今世所传大彬壶，亦有仲芳作之，大彬见赏而自署款识者。时人语曰："李大瓶[⑥]，时大名。"

【注释】

①高足：称呼别人的学生的敬辞。张彦远《法书要录》卷一："高阳许静民，镇军参军，善隶草，羲之高足。"

②制度：一般指要求大家共同遵守的办事规程或行动准则，也指在一定历史条件下形成的法令、礼俗等一定的规格。

③敦：厚。

④俗：风俗，习惯。《尚书·君陈》："败常乱俗。"《荀子·乐论》："移风易俗，天下皆宁。"

⑤金坛：指紫砂壶艺界。

⑥瓶：指紫砂壶。

【译文】

名家。

李仲芳，排行老大，是李茂林的儿子，到时大彬门下，在弟子中技艺属第一。这时，紫砂的工艺趋向文巧，李茂林督促李仲芳遵循古朴风格。李仲芳曾手工作一把壶，对他父亲说："老兄这个怎么样？"后来习惯就称李仲芳所作的壶叫"老兄壶"。后人在紫砂壶领域，都以文巧相比。现在所流传的时大彬壶，也有李仲芳所作的，时大彬看到很赏识就署上自己的款识。当时人说："李大瓶，时大名。"这是对紫砂行业不好现象的暗讽。

李仲芳：觚棱壶

高7.2厘米，阔9.2厘米。藏香港茶具文物馆。

此壶为紫砂泥掺细砂，壶呈覆斗状，直口，矮颈，四角边足，圆环飞把手。盖为坡式桥顶。壶底刻有“仲芳”二字楷书款。整体造型有方中寓圆，圆中见方的特点，被誉为早期紫砂壶传统器皿中的“上品”。

徐友泉，名士衡，故非陶人也。其父好时大彬壶，延致家塾①。一日，强大彬作泥牛为戏②，不即从。友泉夺其壶土出门去，适见树下眠牛将起，尚屈一足，注视捏塑，曲尽厥状③，携以视大彬，一见惊叹，曰：“如子智能，异日必出吾上。”因学为壶④，变化式、土⑤，仿古尊罍诸器，配合土色所宜，毕智穷工⑥，移人心目⑦。

【注释】

①延致家塾：延请至家里，制作紫砂壶。塾，古代家庭或家族内设立的学校。《礼记·学记》：“古之教者，家有塾，党有庠，术有序，国有学。”

②强(qiǎng):勉力。戏:歌舞杂技表演。《晋书·王戎传》:“于宣武场观戏。”这里作戏偶讲。

③厥:代词,其,那个。《尚书·武成》:“予小子其承厥志。”

④因学为壶:因此,徐友泉向时大彬学习壶艺。

⑤式、土:紫砂壶的款式、土色。

⑥毕智穷工:绞尽脑汁,用尽功夫。

⑦移人心目:使人赏心悦目。

【译文】

徐友泉,名士衡,原来并非是作陶的人。他的父亲喜好时大彬的壶,就请时大彬到家中制作茶壶。一天,徐友泉的父亲要时大彬制作泥牛作为戏偶,时大彬没有马上作。徐友泉拿着紫砂土出门去,恰好看到树下一头睡觉的牛将要站起来,还弯着一条腿,徐友泉一边看一

徐士衡:平肩橄榄壶

壶高16.5厘米,宽19.2厘米。

此壶泥色细润,壶身为橄榄式,嵌盖凸起,三弯嘴,大圆把。器型硕大,是明代早期作品。此壶底部用竹刀刻有“行吟月下,山水主人士横”十字楷书款,盖内有“士衡”篆书长方章。

明末清初，底款：友泉。

边捏塑牛，尽量模仿它的形状，完后拿给时大彬看，时大彬一看惊叹说："像你这样的才能，他日一定在我之上。"徐友泉于是向时大彬学习壶艺，变化紫砂壶的款式、土色，仿造古青铜器，尊、罍等造型，配合土色，提高工艺，使人赏心悦目。

予尝博考厥制①，有汉方、扁觯、小云雷、提梁卣、蕉叶、莲方、菱花、鹅蛋、分裆索耳、美人垂莲、大顶莲、一回角、六子诸款②。泥色有海棠红、朱砂紫、定窑白、冷金黄、淡墨、沉香、水碧、榴皮、葵黄、闪色梨皮诸名种种变异，妙出心裁。然晚年恒自叹曰："吾之精，终不及时之粗③。"

【注释】

①博考厥制：广泛考察徐友泉制作紫砂器的方式。考，考察。《尚书·周官》："王乃时巡，考制度于四岳。"

②汉方：为紫砂传统造型。扁觯（zhì）：古代饮酒器，形似尊而小。小云雷：青铜器

皿的纹样，呈云雷纹。提梁卣(yǒu)：青铜器，带提梁的卣。

③吾之精，终不及时之粗：是徐友泉晚年的感叹，自己的精细最终还在境界上不如时大彬的粗犷。

【译文】

徐友泉也曾广泛考察紫砂造型，有汉方、扁觯、小云雷、提梁卣、蕉叶、莲方、菱花、鹅蛋、分裆索耳、美人垂莲、大顶莲、一回角、六子等各种款式。泥色有海棠红、朱砂紫、定窑白、冷金黄、淡墨、沉香、水碧、榴皮、葵黄、闪色梨皮各种名称变异，别出心裁。但他晚年仍感叹说：“我的精细，在境界上仍赶不上时大彬的粗犷。”

【点评】

李仲芳是李茂林的长子，也是时大彬门下的第一高足，家学渊源，又师承名师，在紫砂壶艺上发展路径更宽。时大彬壶艺不务妍媚而朴雅坚栗，而制度渐趋文巧。李茂林对李仲芳是督以敦古，看出师承和家学对李仲芳的影响。紫砂壶艺发展到徐友泉时，达到新的高度。徐友泉穷毕生精力，创作壶式近百种。他的创作设计主要源于在生活中的发现。徐友泉的壶式分为：模状花木瓜果类，模状古器物类，模状日常用具类，模状人物类，模状动物类，圆形类，方形多角类。

人物图

水墨画，辅以淡彩。图中竹林中一雅士凭石而坐，正等着要煮好的茶。童子挥扇加火，炉火更旺，小炉上提梁大壶茶很快将煮好。

雅　流[1]

欧正春，多规花卉果物[2]，式度精研[3]。邵文金，仿时大汉方独绝，今尚寿[4]。邵文银。蒋伯荂，名时英。四人并大彬弟子。蒋后客于吴，陈眉公为改其字之“敷”为“荂”，因附高流，讳言本业[5]，然其所作，坚致不俗也。陈用卿，与时同工，而年伎俱后[6]，负力尚气，尝挂吏议在缧绁中[7]，俗名陈三獃子。式尚工致，如莲子、汤婆、钵盂、圆珠诸制，不规而圆，已极妍饬[8]。款仿钟太傅帖意[9]，落墨拙，落刀工。

【注释】

①雅流：高雅风流。

②规：规划，谋划。《三国志·蜀书·诸葛亮传》：“与豫州协规同力。”

③式度：自然仿生造型的款式精致。

④尚寿：指现在还流传。尚，还，且。

⑤因附高流，讳言本业：因为攀附高雅人士，忌讳提及自己的本业，这是封建社会文人对手工艺人歧视不良现象的折射。

⑥与时同工，而年伎俱后：与时大彬同时学艺，年龄和技艺都不如时大彬。伎，技艺。

⑦挂：牵涉。吏议：对官吏罪名的议定。缧绁（léixiè）：拘禁，囚禁。司马迁《报任安书》：“何至自沉溺缧绁之辱哉？”

⑧饬：通“饰”，修饰，装饰。《吕氏春秋·先己》：“钟鼓不修，子女不饬。”

⑨钟太傅：即钟繇，官至太傅，故世称钟太傅。工书法，宗曹熹、蔡邕，博取众长，自成一家，尤精于隶、楷。书若飞鸿戏海，舞鹤游天。与晋王羲之并称“钟王”。

【译文】

高雅风流。

欧正春多仿生制作花卉果物，自然仿生造型款式精致。邵文金仿时大彬汉方造型堪称一绝，现在还在流传。邵文银。蒋伯荂，名时英。这四人都是时大彬弟子。蒋伯荂后来客居吴地，陈继儒改其字之“敷”为“荂”，由于蒋伯荂攀附高雅，忌讳提及自己所从事的行业，然而他所作的紫砂壶，精致而不落俗套。陈用卿，与时大彬同时学艺，年龄与技艺都落后于时大彬，他一时义气，曾牵涉议定官吏的罪名遭遇牢狱之灾，俗名陈三獃子。陈用卿所作的紫砂款式精工细致，如莲子、汤婆、钵盂、圆珠各种造型，不用规车都可以作圆，极尽装饰之能事。他的落款仿造钟繇的书法笔意，落墨稚拙，落刀工整。

陈信卿，仿时、李诸传器，具有优孟叔敖处[①]，故非用卿族。品其所作，虽丰美逊之，而坚瘦工整，雅自不群。貌寝意率[②]，自诩洪饮[③]，逐贵

明天启，底款：欧正春制。

宜兴窑松梅竹笔插

清乾隆。通高10厘米，最宽6.5厘米。

笔插塑成大小、长短不等的三截竹筒状。白点褐斑，状似斑竹。古梅盘曲，新枝缠绕。

游间，不务壹志尽技，间多伺弟子造成，修削署款而已。所谓心计转粗，不复唱《渭城》时也[④]。

【注释】

①优孟：生卒年待考，春秋时期楚国宫廷艺人。以优伶为业，名孟，故得名。从小善辩，常谈笑讽谏时事。优孟与孙叔敖关系密切。优孟因孙叔敖的儿子在其父去世后，穷困潦倒，向庄王讽谏，使庄王意识到自己的过失。

②寝：相貌丑陋。《吴越春秋·勾践归国外传》：“不以鄙陋寝容，愿纳以供箕帚之用。”《新唐书·郑注传》：“貌寝陋。”

③洪饮：豪饮。曹唐《长安客舍叙邵陵旧宴寄永州萧使君》诗：“五夜清歌敲玉树，三年洪饮倒金尊。”王若虚《滹南集·新唐书辨》：“前史载人洪饮者率至一石以上，然后

为异，逾斗之量世亦多矣，何足著之乎？”

④不复唱《渭城》时也：渭城，阳关曲词条。王维诗《送元二使安西》（《渭城曲》）：“渭城朝雨浥清尘，客舍青青柳色新。”渭城典故，常用于离别题材的作品。说明陈信卿晚期作品因酗酒豪饮，不再专心技艺，心计转粗，作品水平下降，不能与早期作品同日而语了。

【译文】

陈信卿，模仿时大彬、李茂林等传世的紫砂壶，模仿得惟妙惟肖，因此并非用于公卿士族。品评所作紫砂器具，虽不是很饱满，但坚瘦工整，高雅不落俗套。后来，陈信卿因其相貌丑陋意气轻率，自己夸耀豪饮能喝酒，在权贵间交游，不专心致志磨砺技艺，其间有许多跟随他的弟子制成紫砂器，陈信卿稍微修饰署上自己的名款而已。自己制作的作品技艺下降，不能与早期作品同日而语了。

清初，底款：陈用卿制。

闵鲁生，名贤，制仿诸家，渐入佳境。人颇醇谨[①]，见传器则虚心企拟[②]，不惮改为[③]，伎也进乎道矣[④]。

【注释】

①醇：通“淳”，朴实，质朴。

②传器：流传下来的紫砂壶。

③惮：畏惧，害怕。《论语·学而》：“过则勿惮改。”《管子·乘马》：“民不惮劳苦。”

④伎：技艺。《荀子·王制》：“案谨募选阅材伎之士。”这个意义上又写作“技”。

【译文】

闵鲁生，名贤，模仿名家作品，渐入佳境。其人比较淳朴严谨，见到流传的紫砂壶就虚

宜兴窑粉彩公道杯

清道光。高5.5厘米，口径12厘米。

花口，圆底，下承三乳凸小足，器底有一小孔。以紫砂为胎，里外松石绿釉铺地，绘粉彩团花纹。杯里中心有中空的立柱莲蓬头，旁边伫立一小童。

公道杯也叫平心杯，杯身如斟得过满，超过空心柱时，酒就会从杯底的小孔内完全流出，由此形象地寓意“满招损，谦受益”的人生处世哲理。

心模拟，不担心改变所作的壶，他的技艺也进入道的境界了。

陈光甫，仿供春、时大，为入室。天夺其能，蚤眚一目①。相视口、的，不极端缀，然经其手摹②，亦具体而微矣。

【注释】

①蚤：通“早”。《韩非子·外储说右上》：“善持势者蚤绝奸之萌。”眚（shěng）：眼睛上长膜。范成大《晚步宣华旧苑》：“目眚昏花烛穗垂。”

②摹：临摹，照着样子描画、写字。潘岳《西征赋》：“乃摹写旧丰，制造新邑。”

【译文】

陈光甫模仿供春、时大彬作品，是入室弟子。然而老天夺其才能，很早一只眼睛就有眼疾，导致他作壶的壶口、壶盖的钮时不端正，然而经过他的手临摹比划，也能处理得很细致。

宜兴窑桃式砚滴

清雍正，清宫旧藏。最长直径7.2厘米，口径1.3厘米。

连枝带叶桃实式。以黄白砂泥为胎，顶端进水孔有粉红色小桃花覆盖，茎端为出水孔。口盖作卡口，盖稍做旋转便会牢牢卡住，即使晃动和倒悬也不脱落。砚滴表面，于黄白之上点染褐红色斑点，周围浸染一片浅粉色，好似熟透了的鲜桃。砚滴作为文房清玩之一，最早出现为铜质，自两晋时期烧制出青瓷砚滴，此后历代都有瓷质砚滴问世，但精美的紫砂陶质砚滴十分少见。

【点评】

紫砂陶艺中高雅风流人物——欧正春、邵文金、邵文银、蒋伯荂、陈用卿，他们不是时大彬的弟子，就是与时大彬先后学艺的人。陈信卿、闵鲁生、陈光甫也模仿时大彬传器，侧面受到时大彬艺术的影响。时大彬对紫砂陶艺的深远影响，不仅表现在对紫砂壶造型的改革创新上，也体现在对紫砂陶艺的人才培养和师承上。

《斗茶图》(局部)

纸本设色，纵27厘米，横235.1厘米，台北“故宫博物院”藏。

此图以工笔设色描绘了斗茶会上的多人形象。他们或在准备茶碗，或自己先饮为快，情态不一，造型写实极富生活气息。线描精细，以铁线描为主，设色沉稳而富有变化，晕染有致。图中器物繁多，俱一一细加刻画，体现了作者对生活细致的观察能力和高超的写实水平。

神　品①

陈仲美，婺源人，初造瓷于景德镇，以业之者多，不足成其名，弃之而来。好配壶土，意造诸玩②，如香盒、花杯、狻猊炉、辟邪镇纸③，重镂迭刻，细极鬼工④。壶象花果，缀以草虫，或龙戏海涛，伸爪出目。至塑大士像，庄严慈悯，神采欲生，璎珞花鬘，不可思议。智兼龙眠、道子⑤，心思殚竭，以夭天年⑥。

【注释】

①神品：神妙之品。

②意造诸玩：创意制造各种紫砂把玩物。

③狻猊（suānní）：狮子。

④鬼工：鬼斧神工，形容技艺高明。

⑤龙眠：即李公麟，字伯时，桐城（今属安徽）人。据推断，李公麟生于北宋皇祐初年（1049），卒于崇宁五年（1106）左右。他于熙宁三年（1070）考中进士，曾为检法御史，元符三年（1100）辞官，隐居龙眠山，自号龙眠居士。道子：吴道子（约680—759），又名道玄，阳翟（今河南禹州）人，唐代画家。少孤贫，初为民间画工，年轻时即有画名。开元年间以善画被召入宫廷，历任供奉、内教博士。精于佛道、人物，擅长壁画创作。

⑥夭：夭折，短命。《荀子·荣辱》："忧险者常夭折。"

【译文】

神品紫砂。

陈仲美，婺源人，起初，在景德镇制作瓷器，因为从业的人很多，他很难成名，于是就放弃作瓷器来到宜兴鼎蜀镇。陈仲美喜好配制紫砂壶土，制造各种把玩物，如香盒、花杯、狮子炉、辟邪镇纸，这些把玩物雕刻繁缛，精工细丽。紫砂壶仿生像花果，点缀以草虫，或者像龙戏海涛，张牙舞爪。至于塑观音大士像，庄严慈悲，神采栩栩如生，璎珞花鬘，不可思议。陈仲美有李公麟、吴道子的艺术才华，但他殚心竭虑，而英年早逝。

沈君用，名士良，踵仲美之智而妍巧悉敌[①]，壶式上接欧正春一派。至尚象诸物，制为器用[②]，不尚正方圆，而笋缝不苟丝发。配土之妙，色象天错[③]。金石同坚，自幼知名，人呼之曰"沈多梳"宜兴垂髫之称。巧殚厥心，亦以甲申四月夭[④]。

【注释】

①踵：继承，沿袭。悉：尽。敌：相当，匹敌。

陈仲美：束竹柴圆壶

高7.7厘米，宽9.3厘米。

此壶造型是仿自然形一束竹柴，材质为紫砂团泥，呈米黄色，砂质隐现。形制以年久风残的竹柴组成壶。壶身有竹枝做壶嘴，把手亦用竹枝制成。

②至尚象诸物，制为器用：制作仿生紫砂器具，属于欧正春所创的塑器类，作为器物来使用。

③配土之妙，色象天错：配制仿生器皿所需的各种颜色的泥土，色泽自然浑成，非常巧妙。

④甲申：1644年。

【译文】

沈君用，名士良，沿袭陈仲美的心智，技艺高超，实力相当，他制作仿生紫砂器具，属于欧正春一派的塑器类。仿生紫砂壶的使用与规整的正方形、圆形器皿不同，造型严谨，做到了天衣无缝。沈君用配制的各种泥土，色泽自然浑成，非常巧妙。沈君用勤奋努力，金石为开，人们自小就知道他的名字，称之为“沈多梳”宜兴垂髫之称。他因殚心竭虑，在明崇祯末年甲申四月早逝。

陈仲美：三足兽壶

沈君用：梨式壶

高6.8厘米，宽10.2厘米。

此壶形状像梨，直锥形短流，笠形珠钮，把反卷曲向上，包底圆韵，压截盖与壶身成一体。红泥粗砂，表面呈梨皮状，壶底刻有“大明天启丁卯君用制”九字楷书款。

【点评】

陈仲美，婺源人。原是景德镇的制瓷名手，仿制古窑器，但景德镇瓷工众多，没有发挥才智的机会，于是他来到宜兴，改作紫砂陶。这也可能与“壶黜银锡及闽豫瓷，而尚宜兴陶”有关。明代景德镇是全国的瓷业中心。有官窑和民窑之分，但官窑远不如民窑发达。明隆庆、万历间，民窑出现了许多杰出的名匠。“明末陈仲美、周丹泉，俱工仿古窑器，携售四方，镇人罕获，周窑甚传。若陈来去无定，仿造亦不多，今罕有如之者矣。”（《陶录》）当时手工业劳动解放，各地民窑普遍，景德镇瓷器制作一时名家辈出，陈仲美来宜兴讨生活的同时，也促使万历年间的宜兴紫砂器工艺呈现了空前的繁荣。

陈仲美来到宜兴，其创作方向有一大转变。所制茗壶，摹状花果，缀以草虫，以“龙戏海涛”尤有名。茶具之外，他又做过文房雅玩，如香盒、熏炉、辟邪镇纸等，开拓了紫砂工艺的制作范围。陈仲美擅长塑作，曾塑观音大士，“庄严慈悯，神采欲生，璎珞花鬘，不可思议”，塑像中体现佛性；但天妒英才，英年早逝矣。沈君用沿袭陈仲美的心智，在文巧上见长，但也是英年早逝，皆令扼腕不已。

宜兴窑紫砂黑漆描金吉庆有余壶

清乾隆，清宫旧藏。高10.4厘米，口径8.1厘米，足径7.8厘米。

直口唇边，扁圆腹，短弯流，环形柄，圈足。盖拱起，上饰宝珠钮。紫砂内胎，外罩黑髹漆，上绘描金红黄双鱼、灵芝、玉磬、蝙蝠组合的吉祥图案，寓意“吉庆有余”。底有金彩篆书“大清乾隆年制”六字印章款。宫中的紫砂胎彩漆描金始于雍正，乾隆时完全成熟，嘉、道后失传。此壶造型浑厚，制作精工，彩绘一流，金碧辉煌，为既实用又美观的宫廷艺术珍品。

清丁云鹏《煮茶图》

纵140.5厘米，横57.8厘米，纸本设色。

丁云鹏（1547—1628），字南羽，号圣华居士。以善画佛画、工笔人物著称，兼善山水、花卉、壁画。董其昌十分欣赏丁云鹏早期的作品，而对晚期作品多有微辞，尝言："自后不复能事，多老笔漫应，如杜陵入蜀后诗矣。"这幅《煮茶图》创作时间是丁云鹏早中期时作品。无"老笔漫应"的弊病，设色清劲秀丽，线条繁复严谨，铁画银钩的精品。图中床榻、石案、器皿等物划线精准，体现了丁云鹏具有界画的功力。人物形象生动，具有个性。主人公盘腿而坐，低头沉思，左手掐指似计算什么，正是等待煮茶前打发着时间。一老妪、一中年仆人正在忙碌着煮茶。画面中上半段，也就是人物的背景刻画了一株盛开的玉兰花，旁有一玲珑石，石根部画有杂草异卉。从人物技法来看，具有吴、李遗风。

别　派①

诸人见汪大心《叶语附记》中②。休宁人，字体兹，号古灵。邵盖、周后谿、邵二孙，并万历间人。陈俊卿，亦时大彬弟子。周季山、陈和之、陈挺生、承云从、沈君盛，善仿友泉、君用，并天启、崇祯间人。

【注释】

①别派：其他派别。

②汪大心：字体兹，号古灵，明末休宁（今属安徽）人，生卒年不详。曾撰写专著《叶语附记》，是书记录了紫砂陶名手邵盖、周后谿等人生平。

周季山：菊钮巨轮壶

此壶胎材质为紫砂天星泥。壶底钤“周”字篆书圆形小章，下钤“季山”两字篆书方章。此壶扁身，腹似石鼓。菊形钮，短直嘴，柱形把方圈式，以明接处理。大平底，内敛，口部有一圈线，大口压盖，上有弦纹三条。天星泥在壶史上较为少见，由宜兴本山绿泥与白泥、黄泥和合。同时将无锡阳山产的铁石，经粉碎、筛后掺入，由于泥与砂粒烧结温度不同，呈现一种新的肌理效果。

宜兴窑花口花盆

清代。高37.5厘米，口径57.5厘米，底径34厘米。

喇叭形六瓣花口，圆腹，花圈足。底中心有一出水孔。深栗色砂泥，泥质细腻，包浆光润。此盆造型硕大，丝毫没有歪塌变形。

【译文】

紫砂壶艺其他派别。

别派人物在汪大心《叶语附记》中可查到。汪大心，休宁人，字体兹，号古灵。邵盖、周后谿、邵二孙都是万历年间人。陈俊卿也是时大彬的弟子。周季山、陈和之、陈挺生、承云从、沈君盛，擅长模仿徐友泉、沈君用的壶艺，他们都是天启、崇祯年间人。

陈辰，字共之，工镌壶款，近人多假手焉[①]，亦陶家之中书君也。镌壶款识，即时大彬初倩能书者落墨[②]，用竹刀画之，或以印记。后竟运刀成字，书法闲雅，在《黄庭》、《乐毅》帖间[③]，人不能仿，赏鉴家用以为别。次则李仲芳，亦合书法。若李茂林，朱书号记而已。仲芳亦时代大彬刻款，手法自逊。规仿名壶曰“临”[④]，比于书画家入门时。陶肆谣曰：“壶家妙手称三大。”谓时大彬、李大仲芳、徐大友泉也。予为转一语曰："明代良陶让一时，独尊大彬，固自匪佞[⑤]。"

【注释】

①近人多假手：附近许多人都请他代为刻款。假，借。《左传·僖公二年》："假道于虞以代虢。"

②倩：请别人代自己做事。杜甫《九日蓝田崔氏庄》诗："笑倩旁人为正冠。"

③《黄庭》：即《黄庭经》。王羲之书，小楷，一百行。原本为黄素绢本，在宋代曾摹刻上石，有拓本流传。此帖其法极严，其气亦逸，秀美开朗。关于《黄庭经》，有一段传说：山阴有一道士，欲得王羲之书法，因知其爱鹅成癖，所以特地准备了一笼又肥又大的白鹅，作为写经的报酬。王羲之见鹅欣然为道士写了半天的经文，高兴地笼鹅而归。原文载于南朝《论书表》，文中叙说王羲之所书为《道》、《德》之经，后因传之再三，就变成

陈辰：长方扁壶

高7厘米，宽9.5厘米。现藏香港茶具文物馆。

此壶为紫泥调砂，质若"梨皮"。长方形体，方中寓圆，矮肩，平盖、短流、把手均亦削呈方形，与桥形盖钮相呼应，腹部圆鼓，向上渐收敛，下承四折角足，壶底刻有"芳气满涧轩共之"七字楷书款。

了《黄庭经》，又俗称《换鹅帖》。《乐毅》：即《乐毅论》。王羲之书，小楷，梁摹本有题款“永和四年（348）十二月廿四日书付官奴”。据说原石曾与唐太宗同葬昭陵，或说《乐毅论》之书在武则天当政时散入太平公主家，后被人窃去，因惧来人追捕，遂于灶内焚毁。王羲之《笔势论》中对王献之说：“今书《乐毅论》一本及《笔势论》一篇，贻尔藏之，勿播于外，缄而秘之，不可示诸友。”他用自己创作的《乐毅论》作为范本，又以《笔势论》作为理论，从虚实两方面启发王献之悟性。

④临：对着书画范本模仿学习，如临摹、临帖。这里规仿名壶如同临摹书画一样。

⑤匪：非，不是。《诗经·邶风·柏舟》：“我心匪石，不可转也。”《易·比》：“比之匪匪，不亦伤乎？”佞：能说会道，巧言善变。《论语·公冶长》：“雍也仁而不佞。”王充《论衡·答佞》：“何必为佞以取富贵。”

宜兴窑凸雕蟠螭瓶

清乾隆。高12厘米，口径2.4厘米，底径4.2厘米。

小口，细长颈，垂腹，圈足。因瓶的颈、肩处堆塑蟠螭，故得此名。暗红色砂泥，包浆莹润。瓶身堆塑两蟠螭向上攀爬，曲尾相视，嬉戏玩耍。蟠螭瓶是明中晚期瓷器上常见的瓶式，但紫砂质地的蟠螭瓶并不多见。

【译文】

陈辰，字共之，善于镌刻紫砂壶的款识，附近许多人都请他代为刻款，在作陶人群体中是一位书法家。在紫砂壶上镌刻款识，时大彬当初请会写书法的人写下墨迹，自己用竹刀刻画，或者是以印章拓印。后来竟然自己可以运刀写字，书法效果非常闲雅，有王羲之《黄庭经》、《乐毅论》的书法笔意，别人不能模仿，鉴赏家以书法款式把时大彬与其他人区别开来。其次是李仲芳，也能落款书法。李茂林，只能用朱笔书写记号而已。李仲芳有时也代时大彬刻款，但是手法上稍逊。模仿名壶称之为“临”，相当于书画家刚入门时一样。紫砂陶界称：“做壶的高手有三大。”说的就是时大彬、李大仲芳、徐大友泉。我送一句话：“明代作陶的好手众多，以时大彬水平最高，这不是虚谈。”

【点评】

陶肆谣曰：“‘壶家妙手称三大。’谓时大彬、李大仲芳、徐大友泉也。”吴梅鼎《阳羡茗壶赋》中：

> 过此则有大彬之典重（时大彬）。价拟璆琳，仲美之雕镂（陈仲美）。巧穷豪发，仲芳骨胜而秀出刀镌（李仲芳）。正春肉好而工疑刻画（欧正春）。求其美丽，争称君用离奇（沈君用）。尚彼浑成，佥曰用卿醇饬（陈用卿）。若夫综古今而合度，极变化以从心，技而进乎道者，其友泉徐子乎！缅稽先子，与彼同时。

名家李仲芳、徐友泉，雅流欧正春、邵文金、邵文银、蒋伯荂、陈用卿、陈信卿、闵鲁生、陈光甫都曾受过时大彬的影响。通过时大彬和门生及其他诸名家的努力。紫砂陶艺在品种上基本齐备，主要是紫砂壶，旁及文房用品，塑像各具特色。在土色土质的搭配上，各擅其巧，名家辈出，紫砂陶艺欣欣向荣。

相传壶土初出用时①，先有异僧经行村落，日呼曰：“卖富贵土②。”

人群嗤之。僧曰："贵不要买，买富何如？"因引村叟，指山中产土之穴去。及发之，果备五色[③]，烂若披锦。

【注释】

①壶土：制作紫砂壶的原料紫砂泥。

②富贵土：紫砂泥深埋于黄石矿层下，要经过找矿、采矿才能得到。开采出来的矿土非常坚硬，经过风化、碾碎、澄练后才能制作紫砂壶。紫砂泥土出产不易，故有异僧卖富贵土之说。

③五色：紫砂泥有紫泥、绿泥、红泥三种，三种泥土之间有不同调配，会出现多种色彩效果，具备五种颜色。

徐秀棠：始陶异僧紫砂陶塑。

【译文】

相传紫砂泥刚采用时，有怪异的僧人经过村落，一天叫："卖富贵土。"人们都嗤笑他。和尚说："嫌贵不要买，买富贵怎么样？"于是带着村里人，向山中出产紫砂土的岩洞中而去。发掘时，果然有紫泥、绿泥、红泥等五种颜色，颜色丰富得像锦缎一样。

嫩泥[①]，出赵庄山，以和一切色土，乃黏脂可筑，盖陶壶之丞弼也。石黄泥[②]，出赵庄山，即未触风日之石骨也。陶之乃变朱砂色[③]。天青泥[④]，出蠡墅，陶之变黯肝色。又其夹支有梨皮泥[⑤]，陶现梨冻色；淡红泥，陶现松花色；浅黄泥，陶现豆碧色；密泥，陶现轻赭色；梨皮和白砂，陶现淡墨色。山灵腠络[⑥]，陶冶变化，尚露种种光怪云。老泥[⑦]，出团山，陶则白砂星星，按若珠[⑧]，琲以天青、石黄和之，成浅深古色。白泥[⑨]，出大潮山，陶瓶盎缸缶用之[⑩]。此山未经发用，载自吾乡白石山江阴秦望山之东北支峰。

【注释】

①嫩泥：是粗陶制作的原料，可以掺和一切不同颜色的陶土，增加黏性，塑造陶器。嫩泥是陶壶的丞弼，丞、弼，有辅助之意。

②石黄泥：即红泥。矿层在嫩泥矿的下层，出矿时呈黄、红色，质地坚硬，称之为石

宜兴窑紫砂粉彩百果壶

清嘉庆，清宫旧藏。高11.9厘米，口径4.1厘米。

圆形，紫砂内胎，外满绘粉彩装饰。黄色的壶身恰似成熟的石榴，通体缀满秋天的果实。以菱角为柄，三节香藕做嘴，蘑菇当盖，盖上次生的小菇为钮。肩部塑西瓜子、葵花子、红豆、黄豆、花生、栗子等干果。足由莲蓬、莲花、核桃、红枣、白果、荔枝等支撑。腹部以深、浅绿色釉为主，涂饰一副山水图。红日高悬，远山近水之中苍松叠翠，楼阁掩映，一高士悠闲地坐于小舟之中，优美的画面宛若人间仙境。紫砂全包彩釉茗壶雍正时开始出现，但数量不多，没有形成气候，嘉庆、道光、同治时期最为流行。

宜兴窑行有恒堂款饕餮纹瓶

清道光。高15厘米，口径5.1厘米，底径5厘米。

仿古铜器觯造型，两侧安铺首，浅圈足。深栗色砂泥。颈部突起的回纹装饰带上凸雕三组饕餮纹，器身突起的六组蕉叶纹内均有饕餮纹装饰，圈足内阴刻篆书“行有恒堂”印章款。此瓶砂泥极细腻，闪现温雅的光泽，凸雕刻印的技艺堪称一绝，是标准的宫廷紫砂陈设用品。

黄，经过风化、澄练后，成为可用的红泥，经过烧制后变成朱砂色。

③陶：烧制陶器。

④天青泥：是紫泥的一种，原矿色泽为天青色，烧成呈现黯肝色。

⑤梨皮泥：紫泥的夹层，又称“夹脂”，烧成呈梨冻色、米黄色。

⑥腠（còu）：皮肤的纹理。

⑦老泥：指团山泥，团山在赵庄山东南面。

⑧按：高英姿《紫砂名陶典籍》中认为，“按”疑为“宛”，宛即若之意，有一定道理。如果解释为按下去，也未尝不可。白砂星星，按下去像珠子一样。《丛书集成续编》中为“宛若珠”。

⑨白泥：是日用粗陶用泥。

⑩盎：一种腹大口小的盛器。《后汉书·逢萌传》：“乃首戴瓦盎，哭于市。”韩愈《此

宜兴窑子冶铭提梁壶

清道光。高12.6厘米，口径6.8厘米，足径7.3厘米。

扁圆形，短弯流，三叉交柄高提梁，卧足。圆盖，山形钮。壶正面腹部镌刻楷书“山水之中作主人”七字，落款“子冶”。

日足可惜一首赠张籍》诗：“箧中有余衣，盎中有余粮。”

【译文】

嫩泥是粗陶制作原料，出自赵庄山，可以掺和一切不同颜色的陶土，可以增加泥性加以塑造，大概是陶壶的丞弼。石黄泥，即红泥，出自赵庄山，矿层在嫩泥下层，远离风吹日晒，质地非常坚硬，烧制后就变成了朱砂色。天青泥，出自蠡墅，烧制变成黯肝色。紫泥的夹层有梨皮泥，又称夹脂，烧成后呈梨冻色；淡红泥，烧成后呈现松花色；浅黄泥，烧成后呈现豆碧色；密泥，烧成后呈现轻赭色；梨皮和白砂泥，烧成后呈现淡墨色。这说明由于地质成因的关系，每处泥矿含铁量、化学成分均不相同，烧成的气氛各有差异，颜色变化丰富。如同山在显灵变化，烧成后显示光怪陆离的效果。老泥，出自团山，烧成后呈现白砂星星状，按下去像水珠一样，用天青泥和石黄泥糅和在一起，变成浅深古色。白泥，出自大潮山，可以用来制作陶瓶、盎、缸、缶使用。这座山没有开发使用时，白泥是从我的家乡白石山江阳秦望山的东北支峰运载而来的。

出土诸山，其穴往往善徙，有素产于此[①]，忽又他穴得之者，实山灵有以司之[②]，然皆深入数十丈乃得。造壶之家，各穴门外一方地，取色土筛捣，部署讫，弇窖其中[③]，名曰“养土”[④]。取用配合，各有心法，秘不相授。壶成幽之[⑤]，以候极燥。乃以陶瓮庋五六器[⑥]，封闭不隙，始鲜欠裂射油之患。过火则老，老，不美观；欠火则稚，稚，沙土气。若窑有变相[⑦]，匪夷所思，倾汤贮茶，云霞绮闪，直是神之所为，亿千或一见耳。

【注释】

①素：向来，一向。

②实山灵有以司之：紫砂泥的出土、开洞往往在不同地方，矿脉的不同变化，深厚不

宜兴窑惠逸公款凸印寿字碟

清代。高1厘米，口径12厘米，足径10.5厘米。

撇口，出唇，弧壁，圈足。紫色砂泥极为细腻光滑。碟中心模印一寿桃，中间有篆书“惠逸公制”四字印章款，寿桃周围绕六个篆体“寿”字，以回纹补隙，精致巧思，别具风格。

一，古人认为是山灵在掌管。

③弇（yǎn）：遮蔽，覆盖。

④养土：是古代紫砂泥的炼制方法，把开采出来的矿土，风化捣碎，碾成粉状，经过筛土，加水浸泡，几个月后取泥锤炼，放在阴凉处陈腐一段时间，所谓窖藏，名曰养土。

⑤幽：深暗，昏暗。《诗经·小雅·伐木》："出自幽谷，迁于乔木。"这里引申为使阴干、风干。

⑥庋（guǐ）：收藏，保存。《新唐书·牛仙客传》："前后锡与，缄庋不敢用。"

⑦窑有变相：即窑变，烧窑过程中，由于泥质、火候、气氛的融合，有时会有意想不到的效果，窑变极为难得，实在是匪夷所思，誉之为神之所为。

【译文】

出紫砂土的山脉，其洞穴经常变换，本来这里有，忽然在其他洞穴里发现，真是有山灵

宜兴窑御题诗梅树纹描金茶叶罐（一对）

清乾隆，清宫旧藏。高13厘米，口径4.1厘米，足径4.7厘米。

圆筒形，唇边，短颈，直腹，圈足。拱形盖，宝珠钮。浅粉色砂泥外涂一层朱红色陶衣，腹一侧印刻梅树纹；另一侧描金乾隆七年（1742）所作御题诗《雨中烹茶泛卧游书室有作》。乾隆紫砂茶器写御题诗句的很多，但描金彩诗句的只见这一种涂红色陶衣的品种。

在掌管，然而都得挖洞十丈才发现。造壶的人，在开采矿土的洞外一块方地上，取土、风化、捣碎、筛土，然后用水浸泡，这些做好之后，陈腐盖起来，这叫“养土”。紫砂泥的配料，不同的人经验不同，互不外传。作好壶之后，放在清凉透风处，使其干燥。然后在陶瓮里放进五六个紫砂器，密封起来，防止开始烧制时温度受热不均开裂，釉泪溅到别的器物上。窑火过了，紫砂器烧成老化，就不美观；欠火就烧不足，不成陶器，土气重。如果出现窑变，会有意想不到的效果，放进茶汤，云霞灿烂，简直就是神仙所为，非常难得。

【点评】

紫砂土被称为富贵土，有不同土质土色，灿烂如霞，说明宜兴陶土资源丰富，品类繁多，这是紫砂陶艺发展的先决条件。宜兴陶土大体可分为甲（夹）泥、白泥、嫩泥三大类。其中甲泥藏量最多，它是产于粉砂岩和细砂岩之间的矿泥，所以也称为“夹泥”，是生产日用粗细陶（缸、盆、罐、瓮等）的重要原料。甲泥和紫砂泥的矿床分布于黄龙山、湖（父）——洪岭——涧坞——低坊一带，宜兴林场——平原——滏里一带，以及西梅园和鸡笼山——杨

宜兴窑梅桩式笔筒

清乾隆。高13.1厘米，口径17.7×16.3厘米，足径17.7×16.3厘米。

梅树桩形，外壁凸雕瘦骨嶙峋的梅树，二斜枯枝上梅花点点。紫红色砂泥。梅桩老干发新枝，象征衰而不老。以截断的梅桩为造型，是宜兴紫砂的常见器形之一。此件笔筒雕塑生动，梅桩树节、残枝新花栩栩如生，得梅之神韵，意境深邃，有犹如根雕的艺术效果。

店——深洞一带。紫砂泥深藏在粗陶用泥——夹泥之间的岩矿，因此有“岩中岩，泥中泥”的别称。

嫩泥，出赵庄山；石黄泥，出赵庄山，……现代地质勘探证明，这几处均属于黄龙山泥矿区。黄龙山东半区为台西大队，包括蠡墅，西半区属赵庄大队，与赵庄村连在一起。紫泥（青泥）是生产紫砂陶器的最主要的泥料。优质紫泥产于鼎蜀镇黄龙山一带。浙江长兴也产紫泥，但与宜兴相比，真是有天壤之别。天青泥（历来认为是最好的紫砂泥）是紫泥的一种，原矿色泽为天青色，烧成后变成黯肝色，只产于黄龙山北坡。石黄泥（红泥）位于嫩泥矿层底部的泥料，古称“石黄”。单纯的石黄泥原矿土细而不含砂质，可塑性高，但相对支撑强度比不上紫砂，不宜烧制大件的作品。除赵庄山石黄泥之外，川埠乡的蒋笠、红卫，以及鼎蜀镇黄龙山等地亦产少量石黄泥。川埠乡的石黄泥俗称“烂黄石”，收缩大，烧成温度低且结晶度高，泥性重，沙性小，注浆性能好，但不适合拍打成型。黄龙山红泥适合拍打成型，但烧成后颜色不是大红色。

紫砂原矿泥有好坏之别，分为夹泥（做大缸用的泥）、中槽泥（普通紫砂泥）、底槽泥（最好的紫砂泥）。蕴藏在下面的底槽泥最好，烧成色彩丰富。紫砂泥配比不同，会产生不同的色泽。如本山绿泥中添加紫泥，中槽泥中添加本山绿泥，烧成呈橙色；底槽泥中添加本山绿泥，烧成呈古铜色；在基色泥中和以粗泥砂，还会出现特殊效果。这些经验在古代是取用配合，各有心法，秘不相授。

宜兴的陶土，色彩绚烂，得天独厚。对陶土的加工，到了万历年间，从色彩欣赏的角度出发，有了很大的进步，首先是时大彬，或淘土，或杂硐砂土，诸款具足，诸土色亦具足。徐友泉对陶土色彩的创制，贡献颇多。他调制的颜色有海棠红、朱砂紫、定窑白、冷金黄、淡墨、沉香、水碧、榴皮、葵黄、闪色梨皮诸名种种变异，妙出心裁。陈仲美，好配壶土，意造诸玩。沈君用配土之妙，色象天错。紫砂如同油画颜料一样，在紫砂壶艺家手中调制得色彩斑斓。

清杨晋《豪家佚乐图》（局部）

绢本设色，纵56.2厘米，横1274厘米，南京博物院藏。

此画以长卷式构图分段描绘了豪门贵族在春、夏、秋、冬四个不同季节的享乐生活。此幅选析的是表现夏季景色的一段。这里描绘了夏日的豪门园林草木茂盛，水岸相拥，游人惬意的景象。画的左前方是庭院里的陆地部分，上面的湖石错落分布，形状奇异而玲珑，穿插在其间的高大古木枝繁叶茂，仿佛布满了荫凉。树下，两个发髻高挽、雍容华贵的妇人正闲散地坐在桌前，她们像是在望着前面那个举扇扑蝶的儿童，又像是正听着照看小孩儿的仆人上前禀告什么；旁边站立的女子，也像在对手持凉扇的仆人吩咐着。在玩耍的儿童旁边，一个仆人正在挥扇煮茶。

湖石的另一处，也有一组人物，有大人，有小孩儿，看他们的神态，或许是刚刚漫游到此，正想要渡过眼前的小木桥。在湖石的背后，隐约可见宫墙逶迤。墙外，部分长廊掩映在一片茂密的竹林中。离她们不远的长廊里，一仆人正躬身端盘，步履匆匆地送来食物。湖边的两棵垂柳，相互斜依，柳枝丰茂而摇曳；湖面上，片片荷叶簇拥，仿佛在风中涌动；粉白色的荷花及红色的蓓蕾点缀在其间；它们或疏或密，或大或小，皆显露出一派悠然的姿态。

宜兴窑仿时大彬款小壶

清宫旧藏。高4.8厘米，口径4.6厘米，底径5.5厘米。

扁圆形，腹以下渐收，短弯流，环形柄，平底。盖微鼓，拱形钮。壶底刻双行楷书“清风徐来沁我心脾”八字，落款“大彬制”，字体遒劲，铁线银勾。浅赭色调砂泥中渗进紫红色砂点，色泽浑朴独特。

陶穴环蜀山，山由原名独，东坡先生乞居阳羡时①，以似蜀中风景改名此山也。祠祀先生于山椒②，陶烟飞染，祠宇尽墨。按《尔雅·释山》云③：“独者，蜀。”则先生之锐改厥名④，不徒桑梓殷怀⑤，抑亦考古自喜云尔⑥。

【注释】

①乞：求，讨。《左传·隐公四年》：“宋公使来乞师。”

②椒：山顶。《汉书·外戚传上》："释舆马于山椒兮。"谢庄《月赋》："菊散芳于山椒。"

③《尔雅》：是我国最早一部解释词义的专著，也是第一部按照词义系统和事物分类来编纂的词典。作为书名，"尔"是"近"的意思，"雅"是"正"的意思，雅言是在语音、词汇和语法等方面合乎规范的标准语。《尔雅》的意思是接近、符合雅言，使之接近规范。

④锐：锐利，引申为坚决。厥：代词，那个。

⑤徒：只，仅仅。桑梓：桑树和梓树是古代住宅附近常栽的树，喻指家乡。

⑥抑：连词，表示选择，相当于现代汉语中的"还是"、"或者"。

宜兴窑紫砂金漆云蝠砚

清雍正，旧藏清宫懋勤殿。高2.6厘米，直径21.6厘米。

扁饼形，砚面突起形成砚膛，外环水渠为砚池，设计巧妙，造型简洁。胎体致密滑润，呈深栗色，沉稳古雅。砚口边上堆塑彩绘缠枝灵芝纹，边壁描金彩朵云、寿字、飞蝠纹，十分精致。砚底部内凹，涂满黑髹漆，乌黑发亮。此砚精工细作，采用雍正创制的砂泥堆绘技法，充满宫廷御用高雅富丽之气，是故宫博物院仅有的旧藏雍正御用紫砂砚。

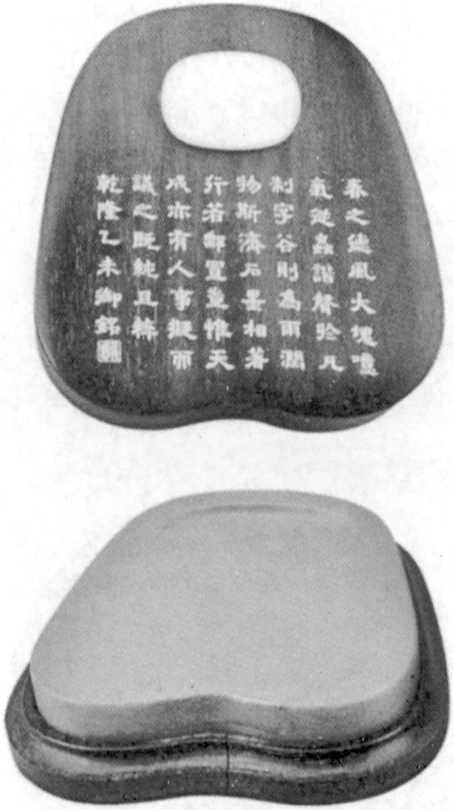

仿宋紫砂天成风字澄泥砚

高2.3厘米，长11厘米，宽10.5厘米。

弯月形墨池。砚盖面镌刻：“春之德风，大块噫气。从虫谐声，于凡制字。谷则为雨，润物斯济。石墨相著，行若邮置。岂惟天成，亦有人事。拟而议之，既纯且粹。”署“乾隆乙未御铭”，且钤“比德”二字方印章款。

【译文】

出产陶土的矿洞环绕蜀山，蜀山原名独山，东坡先生居住在阳羡时，看到独山像蜀中的风景而改名这座山。在山顶上有祭祀东坡先生的祠堂，陶土贮藏丰富，开采陶土过程中灰烟弥漫，祠堂染上一片墨色。按照《尔雅·释山》说：“独，就是蜀。”东坡先生改这个名字，不仅是寄托思乡的情怀，还有一种考古以及自己喜好的表达。

【点评】

在中国古代文人中，苏轼是最能从日常生活实践中品味饮食和自然之趣的雅士。他以诗意的心境去体味、感悟，使自然的生活融入更多的雅趣，渗透文化意识、美学意识。苏轼喜欢种茶，对煎茶、点茶也十分精通，亲力亲为。苏轼一生几度沉浮，几经贬谪，流落蛮荒之地，但他始终能保持平和的心态，旷达的胸襟，从容面对。“日啖荔枝三百颗，不辞长作岭南人”，即使身处逆境，亦能泰然处之。他乞居阳羡时，看到阳羡独山相似于故乡蜀中风景，触景生情，遂改名蜀山。

宜兴窑百果诗句砚滴壶

清乾隆，清宫旧藏。高5.4厘米，口径1.1×2厘米，足距2厘米。

以石榴为身，蘑菇为盖，藕节为流，灵芝为柄，肩部饰瓜子，底承柿子、桃子、核桃三支足。壶身上的微缩瓜果均采用果实本色，雕刻逼真。腹部刻行书“仙家花果四时同”七字。砂泥呈冷金黄色，掺杂点点暗红砂。

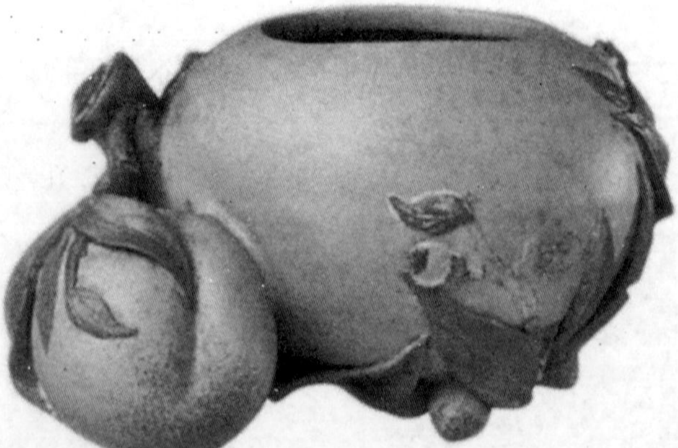

宜兴窑凸雕双桃式水丞

清宫旧藏。高5.5厘米，口径3.4厘米。

双桃实形，仿照自然界真实的成熟桃子，枝叶茂盛，娇嫩欲滴。黄砂泥为主，间有绿色砂泥点缀。精妙工致，生趣盎然，反映出了当时宜兴紫砂花货艺匠的非凡创作功力。

壶供真茶，正在新泉活火，旋沦旋啜①，以尽色、声、香、味之蕴。故壶宜小不宜大，宜浅不宜深，壶盖宜盎不宜砥②。汤力茗香，俾得团结氤氲③，宜倾渴即涤。去厥渟滓④，乃俗夫强作解事。谓时壶质地坚洁，注茶越宿，暑月不馊。不知越数刻而茶败矣，安俟越宿哉⑤？况真茶如莼脂⑥，采即宜羹，如笋味，触风随劣。悠悠之论，俗不可医。

【注释】

①旋：随即。沦：微波。啜：尝，饮，喝。

②盎：盈溢的样子。砥：平。

③俾（bǐ）：使。氤氲（yīnyūn）：天地阴阳二气交互作用。

④渟（tíng）：水流停滞而聚积。《史记·李斯列传》："决渟水，致之海。"

⑤俟（sì）：等候，等待。《诗经·邶风·静女》："静女其姝，俟我于城隅。"

⑥莼（chún）：莼菜，水葵。《世说新语·言语》："有千里、莼羹，但未下盐豉耳。"

【译文】

紫砂壶烧制真茶，就是用新鲜的泉水、活火，一边烧一边尝，可以品尝色、声、香、味的意蕴。因此壶宜小不宜大，宜浅不宜深，壶盖宜高拱不宜平。茶汤茗香使壶能化淳，最好喝

时大彬：如意纹盖壶

高11.3厘米，口径8.4厘米。此壶于1984年江苏无锡彩桥村明代华氏家族墓中出土。

墓主为华师伊，南京翰林学士，万历四十七年（1619）卒于家，葬于崇祯二年（1629）。壶身圆形，光洁素净，把梢下有"大彬"两字刻款。

清余集《献茶图》

款识：乾隆辛巳二月朔，摹杜柽居本，秋室余集。钤印：余集、秋室居士，鉴藏印：萧斋。

余集（1738—1823），字蓉裳，号秋室。乾隆三十一年（1766）进士，候选知县，官至侍讲学士。三十八年（1773），与邵晋涵、周永年、戴震、杨昌霖同荐修《四库全书》，授翰林院编修，人称“五征官”。累迁至侍读学士。告归后，出主大梁书院八载，日以文艺自娱。性醇正高介，尤好引掖后进。余集博学多艺，工诗古文辞，作诗神韵闲远，不屑庸词俗语，画山水多秀逸别致，有“山光在掌，云气生衣”之韵致。尤善画人物。兼长花卉禽鸟，无不妙趣横生。所画仕女，风神闲静，绝无粉脂气。

此幅《献茶图》，绢本设色，清新淡雅，富丽精工。画面人物在翠竹背景的掩映下，一派雅致，红衣仕女双手端着茶盘，茶盘内有一提梁紫砂壶，一茶杯，向端坐在磐石上的士大夫献茶，士大夫手捻髯须，正欲饮茶。

完茶汤就清洗。关于是否去掉茶渣，是俗人勉强所作解释的事情。人们都说时大彬的壶质地坚洁，放茶过宿，夏天也不会馊。岂不知数刻时间茶就败了，还有等过宿的吗？况且真茶像莼菜脂一样，采后立即就做成茶汤，像笋味，遇到风就败了。不去茶渣，这样的论调真是俗论，不可救药。

壶入用久，涤拭日加，自发闇然之光①，入手可鉴，此为书房雅供。若腻滓斓斑，油光烁烁②，是曰"和尚光"，最为贱相。每见好事家藏列颇多名制，而爱护垢染，舒袖摩挲惟恐拭去③，曰："吾以宝其旧色尔。"不知西子蒙不洁，堪充下陈否耶？以注真茶，是藐姑射山之神人④，安置烟瘴地面矣，岂不舛哉⑤。

【注释】

①闇：昏暗。

②烁烁：发光的样子。《新唐书·天文志》："甲夜有大流星长数丈，光烁如电。"

③摩挲：抚摸。《后汉书·方术传》："与一老公共摩挲铜人。"

④藐姑射山：又名"石孔山"，是吕梁山的支脉，它被仙洞沟劈为两半，南北仙洞位于山腰中部断崖崖台上。姑射山由姑射神女为民射虎的传说而得名。姑射山山势陡峭，山体为土石山。其中南北仙洞是姑射名胜的精华。南仙洞位于西侧崖间，北仙洞建在东侧山腰。姑射山有神人居住，因而扬名天下。

⑤舛（chuǎn）：相违背，错乱。贾谊《治安策》："本末舛逆。"引申为困厄，不顺利。王勃《滕王阁诗序》："时运不济，命运多舛。"

【译文】

壶用久了，经常擦试，自然发出黯然之光，适合把玩，这是书房高雅的欣赏物。如果茶壶油腻发亮，称之为"和尚光"，最不好看了。经常看到收藏家藏了很多名壶，却爱护壶面上脏东西，揩拭时惟恐擦掉，还说："我因其古旧的颜色而当之为宝啊。"这不是让西施蒙不洁，堪以充当下等吗？用来注入真茶，岂不是藐姑射山的神仙，住在乌烟瘴气的地面上，哪有这样的怪事？

壶之土色，自供春而下，及时大初年，皆细土淡墨色，上有银沙闪点。迨砜砂和制[①]，縠绉周身[②]，珠粒隐隐，更自夺目。

时大彬：鼎足盖圆壶

高11厘米，口径7.5厘米。

1987年7月，福建漳浦盘陀乡庙埔村发现明代户部尚书卢维祯（号瑞峰）夫妇合葬墓，此壶为陪藏品之一。卢维祯卒于万历三十八年（1610）。壶底部有单行竖排"时大彬制"阴刻楷书款识，刀法娴熟有力。泥色通体呈栗色，略带黄，布满梨皮状小白斑点。

【注释】

①迨(dài):等到。《诗经·小雅·伐木》:"迨我暇矣。"硇砂和制:用过筛后的粗颗粒砂料,掺和泥料,称为调砂,形成颗粒隐隐而现的肌理效果。根据现代科学分析,紫砂料中含有白云母、鳞片状,能发出闪光。

②縠(hú):有皱纹的纱。《战国策·齐策四》:"王之忧国爱民,不若王爱尺縠也。"

【译文】

壶的土色,自从供春以下,到时大彬初年,都是细土淡墨色,上面有银沙点点。待调砂后,壶身如皱褶纹样,珠粒隐隐约约,更加吸引人的目光。

或问予以声论茶,是有说乎?予曰:"竹炉幽讨①,松火怒飞,蟹眼徐窥②,鲸波乍起③,耳根圆通,为不远矣。然炉头风雨声,铜瓶易作,不免汤腥,砂铫亦嫌土气④。惟纯锡为五金之母,以制茶铫,能益水德,沸亦声清。白金尤妙,第非山林所办尔⑤。"

【注释】

①讨:讨伐。《左传·宣公二年》:"反不讨贼。"这里引申为燃烧。

②蟹眼:螃蟹的眼睛,比喻水初沸时泛起的小气泡。庞元英《谈薮》:"俗以汤之未滚者为盲汤,初滚者曰蟹眼,渐大者曰鱼眼,其未滚者无眼,所语盲也。"《警世通言·王安石三难苏学士》:"(荆公)命童儿茶灶中煨火,用银铫汲水烹之。先取白定碗一只,投阳羡茶一撮于内。候汤如蟹眼,急取起倾入。"

③鲸波:犹言惊涛骇浪。杜甫《舟出江陵南浦奉寄郑少尹诗》:"溟涨鲸波动,衡阳雁影徂。"文天祥《指南录后序》:"以小舟涉鲸波。"唐顺之《送蒋藩幕赴闽中》:"风岛鲸波涌,寒城蜃气收。"

④砂铫（yáo）：这里指紫砂器。铫，大锄。《晏子春秋·内篇谏上》："君将戴笠衣褐执铫耨以蹲行畎亩之中。"

⑤第：但，只管。

【译文】

有人问我是否可以用声音论茶，有这种说法吗？我说："竹炉之火燃烧，火焰怒飞，窥见汤水起泡，逐渐沸腾起来，根据声音，知道茶汤很快煮好。然而炉火把茶汤煮沸，铜壶很容易做到，但是铜壶难免有汤腥，紫砂器也带有土气。只有纯锡是为五金之母，用来制

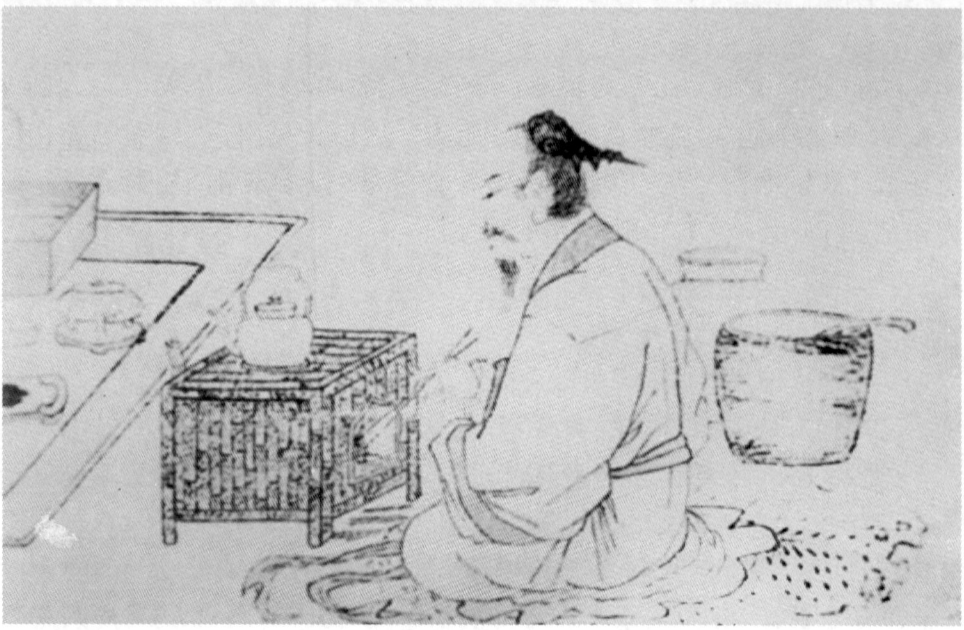

明王问《煮茶图》（局部）

此画是继王绂《竹炉煮茶图》后的又一以竹炉煮茶为题材的画。煮茶炉为四方形，炉外用竹编成。一长者正拨动炉中火焰，炉火更旺。

作茶铫，对煮茶有益处，水沸声音也很清爽。白金最好了，只不过不是山林幽静氛围所需要的。”

壶宿杂气，满贮沸汤，倾即没冷水中，亦急出水写之[①]，元气复矣。品茶用瓯[②]，白瓷为良，所谓“素瓷传静夜，芳气满闲轩”也[③]。制宜弇口邃肠[④]，色浮浮而香味不散。

【注释】

①写：通“泻”，倾注，倾泻。《周礼·地官·稻人》：“以浍写水。”

②瓯：指瓯窑。瓯窑是我国南方的重要窑址，创烧于东汉，结束于元，制瓷历史长达一千多年。瓯瓷因生产在浙江温州瓯江北岸的永嘉和瑞安一带而得名，以其釉色淡雅、制作精湛和造型装饰丰富多变而享誉国内外。瓯窑瓷器品种大多与越窑瓷器相同，常见的器物为罐、碗、钵、洗、壶、盘之类。

③素瓷传静夜，芳气满闲轩：唐代颜真卿、陆士修、张荐、李萼、崔万、昼等人联句的最后两句。《全唐诗》卷八八为：“泛花邀坐客，代饮引情言（士修）。醒酒宜华席，留僧想独园（荐）。不须攀月桂，何假树庭萱（萼）。御史秋风劲，尚书北斗尊（万）。流华净肌骨，疏沦涤心原（真卿）。不似春醪醉，何辞绿菽繁（昼）。素瓷传静夜，芳气满闲轩（士修）。”这首啜茶联句的几位作者各自别出心裁地搜索诗句，于是出现了许多与啜茶有关的代用词，诸如“泛花”、“代饮”、“醒酒”、“流华”、“疏沦”、“不似春醪”、“素瓷”、“芳气”等。因为是月夜啜茶，所以也有人用了“月桂”这个词。“御史”两句表明颜真卿为众望所归，加强了宾主间的融洽气氛。用联句来咏茶，也很少见。联句为旧时作诗方式之一，两人或多人共作一首，相联成篇。

④弇（yǎn）：器具口小肚子大。邃：深。《抱朴子·内篇·论仙》：“邃古之事，何可亲见。”

【译文】

用过的壶里陈宿有杂气，解决的办法是贮满沸水，然后立即放在冷水中，快速倒出水，壶内元气就可以恢复。品茶用瓯瓷，白瓷最好，所谓“素瓷传静夜，芳气满闲轩”。使用盖口小深腹的茶具，茶色漂浮香味不散。

茶洗，式如扁壶，中加一盎鬲而细窍其底[①]，便过水漉沙[②]。茶藏以闭洗过茶者，仲美、君用各有奇制，皆壶史之从事也。水杓、汤铫亦有制之尽美者[③]，要以椰匏锡器为用之恒[④]。

【注释】

①盎：一种腹大口小的盛器。《后汉书·逢萌传》：“乃首戴瓦盎，哭于市。”

②漉（lù）：渗出，过滤。《战国策·楚策四》：“夫骥之齿至矣，服盐车而上太行……

宜兴窑彩绘山水人物纹笔筒

清乾隆。高14厘米，口径15.5厘米，足径14.5厘米。

直口，口底相若，宽圈足。姜黄色砂泥。外壁彩绘山水人物纹。山石、竹枝、柳树清晰可见，江中一渔夫站于船头垂钓，水草依依，游鱼游弋。施彩淡雅，犹如水墨画的渲染效果。

漉汁洒地，白汗交流。"

③杓：勺子。《韩诗外传》卷八："譬犹渴操壶杓就江海而饮之。"铫：大锄，这里引申为勺子。

④匏（páo）：匏瓜，即瓢葫芦。《诗经·邶风·匏有苦叶》："匏有苦叶。"

【译文】

茶洗即洗茶叶的用具，款式像扁壶，中间加一盎鬲，底下开一小孔的过滤斗，茶水经过而沙滓被过滤。藏茶的用具，经过茶水清洗然后封闭起来，陈仲美、沈君用各有特别的制作，都是壶史上用过的方法。水勺、汤铫，也有制作精美的，以椰子壳、瓢葫芦、锡器为佳，与饮茶最符合。

【点评】

紫砂壶在沏茶、泡茶实用性上，与其他质地的容器相比，具有显著的优良性能，"既不夺香，又无熟汤气"，无论文人雅士，还是平民百姓都对紫砂壶情有独钟。同时"茶汤养壶"，不论新壶、旧壶，用开水沏茶后，壶口泛出茶泡沫，用壶盖轻轻刮去泡沫，合上盖约一两分钟，把壶中的茶汤分倒到各个口杯中，再把小杯里的茶汤回浇在茶壶上，此谓"茶汤养壶"。此时，壶体表面温度较高，用湿毛巾擦抹壶体，水印旋擦旋干，反复多次。壶温稍降后，可用手摩挲，因手掌有油汗，有利于壶体光润。清晨清洗茶壶时，把壶中的茶渣取出，顺便将壶体周身润擦一遍，即可擦去壶身的茶斑渣痕，亦可使湿茶叶水磨一遍壶体，开水冲内外一两次就可放入茶叶冲泡，时间一长，壶体自会发"阇然之光"。茶壶因疏忽未能及时将茶渣倒出，发生异味，可用开水注入，稍晃数下倒出，并立即没入凉水中，则异味可除，反复几次；这就是，"壶宿杂气，满贮沸汤，倾即没冷水中，亦急出水写之，元气复矣"。茶壶每次用后，将茶渣倒掉，并用清水冲去残汤保持清洁。有人要养"壶里茶山"，往往在泡完茶后，将茶渣或少量茶水留在壶里让其吸收阴干。其实，茶渣闷在壶里容易产生酸馊异味，有害于壶，茶水也往往会变质发酵，为茶壶吸附。茶壶最怕沾上油污，若有油污，要用手擦去，若油污过重，亦可用细布稍沾洗涤剂轻轻擦拭，然后用手摩挲，使壶体发光，体现出本质美感。

用油剂或茶水涂抹，产生“和尚光”，最不好了。紫砂壶的使用，因材质的特点，表现出一种其他器皿所无法企及的优点，那就是它与使用者能进行感情交流，对它倾注得越多，常加摩挲，它就越发光润古雅。好的茶壶不要束之高阁，而应该经常把玩。因此周高起说：“壶入用久，涤拭日加，自发黯然之光，入手可鉴。”这实际上是用壶、养壶的根本。

吴昌硕《梅花煮茶图》

题识：正是地炉煨榾柮，熳腾腾处暖烘烘。画毕再录阿曼陀室主人句。聋。钤印：吴俊之印（白）。此图枯干圈花如写石头鼓，缓缓行笔，古拙气厚，真力弥漫。而构图更称佳绝，炉扇前置右侧，占去大块完整画面，左侧数枝梅花凌空延伸，枝干交错，碎花穿插其间，几枝右展，护住茶炉，更破右上空间，左侧逼边长题，与梅花形成一体，点线面各有照顾，显得画面完整。

附录：

过吴迪美朱萼堂看壶歌兼呈二公

【解读】

周高起到吴迪美朱萼堂看壶，鉴赏紫砂壶，并作诗歌，呈给二公，即吴迪美、冯金吾。吴迪美收藏紫砂壶，具有很强的鉴赏能力，对每把壶，如数家珍，娓娓道来其源流，他甚至把紫砂壶与三代的彝器、鼎一起收藏把玩。在朱萼堂（吴迪美的书斋号），吴郎从匣中拿出他的紫砂壶，陈列给同道观摩，每把壶各有特点，来头不一，甚至某把是壶祖，某把是壶孙，趣味横生。观者也是摒气赞叹，寂寞无言。吴郎不仅收藏高价的供春壶、时大彬壶，也收藏若干残缺的老壶。调侃说来，吴郎真是集中阳羡的名壶了。但周郎不嫌一些老壶的破损或是有瑕疵，他喜好的是陶壶中独特的古拙韵味。吴迪美用涓人买骏骨（涓人，古代官中担任洒扫清洁的人。亦泛指亲近的内侍，涓人买骏骨是一个历史典故）、孙膑刖足事以比喻他对残壶的爱好，周高起是真正的赏鉴家，风雅也是自不待言。

新夏新晴新绿焕，茶式初开花信乱。羁愁共语赖吴郎，曲巷通人每相唤。
伊予真气合奇怀，闲中今古资评断。荆南土俗雅尚陶，茗壶奔走天下半。
吴郎鉴器有渊心，曾听壶工能事判。源流裁别字字矜，收贮将同彝鼎玩。
再三请出豁双眸，今朝乃许花前看。高槃采列朱萼堂，匣未开时先置赞。
捲袖摩挲笑向人，次第标题陈几案。每壶署以古茶星，科使前贤参静观。
指摇盖作金石声，款识堪称法书按。某为壶祖某云孙，形制敦庞古光灿。
长桥陶肆纷断奇，心眼欷歔多暗换。寂寞无言意其淡，人知俗手真风鹊，
□□黄金无价高，作□展也天工窜。技道曾何彼此分，空堂日晚滋三叹。

供春大彬诸名壶，价高不易办，予但别其真而□，搜残缺于好事家，用自怡悦，诗以解嘲。

阳羡名壶集，周郎不弃瑕。尚陶延古意，排闷仰真茶。

燕市会酬骏，齐师亦载车。也知无用用，摧对欲残花。

（吴迪美用涓人买骏骨，孙膑刖足事以喻残壶之好，伯高乃真赏鉴家，风雅又不必言矣。为冯本卿金吾作。）

林茂之陶宝肖像歌

【解读】

林茂之陶宝肖像，即林茂之对陶艺爱好者视紫砂壶为宝的描述和形容。早年的工匠制作器物，多是规仿青铜器的樽壶样式。到了明代，龚春、时大彬对壶的造型和样式进行了改革，紫砂壶风靡一时，甚至达到贵如玉的程度。紫砂壶茶具适合把玩欣赏，其他材质的茶具莫与能争。一壶在手，思绪万千，茶水养壶，气定神闲。茶具久经把玩，色泽淳朴中透出亮丽光明。现在听说徐友泉的儿子，制壶样式精工细致，继承其父的优良传统。壶中注入茗茶，饮茶效果比瓶罍这样的容器要好，甚至可以超过玉壶。收藏者阮光禄把徐友泉儿子作的壶赠给冯金吾，冯金吾非常高兴，称赞其为陶艺中的瑰宝，如同勒石铭刻一样，这种热爱程度达到千年鼎彝器之珍贵。

昔贤制器巧含朴，规仿樽壶从古博。我明龚春时大彬，量齐水火抟埴作。

作者已往嗟滥觞，不循月令仲冬良。荆谿陶正司陶复，泥沙贵重如珩璜。

世间茶具称为首，玩赏揩摩在人手。粉锡型模莫与争，素磁斟酌长相偶。

义取炎凉无双更，能使茶汤气永清。动则禁持慎捧执，久且色泽生光明。

近闻复有友泉子，雅式精工仍继美。尝教春茗注山泉，不比瓶罍罄时耻。

以兹珍赏向东吴，胜却方平众玉壶。癖好收藏阮光禄，割爱举赠冯金吾。

金吾得之喜绝倒，写图锡名曰陶宝，一时咏赞如勒铭，直似千年鼎彝好。

俞仲茅赠冯本卿都护陶宝肖像歌

【解读】

俞仲茅赠冯本卿都护陶宝肖像歌，即俞仲茅以诗歌形式描述了冯本卿雅好紫砂壶的情形。义兴（即宜兴）制作紫砂壶好手众多。冯本卿雅好紫砂壶艺，清赏风流天下闻名，故以诗歌唱赠，冯本卿等人品茗赏壶，日夜把玩，如果用书画描绘下来，可以教王维别开生面。品茗赏壶成为一时佳话，可以流传青史，月笋（即冯本卿的后花园名字）就是现在的书画舫，砚台和玉蟾蜍可以提供笔墨来画这样品茗赏壶胜景。

何人霾向陶家侧，千年化作土赭色。拯来捣治水火齐，义兴好手誇埏埴。
春涛沸后春旗濡，彭亨豕腹正所须。吴儿宝若金服匿，□缘先入步兵厨。
于今东海小冯君，清赏风流天下闻。主人会意郤投赠，胜以长句缥缃文。
陈君雅欲酣茗战，得此摩挲日千遍。尺幅鹅溪缀剡藤，更教摩诘开生面。
一时佳话倾播璵，堪备他年斑管书。月笋即今书画舫，砚山同伴玉蟾蜍。

骨董十三说

[明] 董其昌著

前　言

一　《骨董十三说》的作者

董其昌（1555—1636），字玄宰，号香光，别号思白，松江（今属上海）人。明朝中后期，在自然条件和经济基础优越的江南，城镇兴起，商贾云集。董其昌大部分时间身居于此，优越的环境为他书画学习、创作、鉴藏提供了良好的条件。董其昌17岁时接触书法艺术，《画禅室随笔》云："吾学书在十七时。"董其昌开始学画是在23岁，顾麟士《过云楼续书画记》卷三云："予学画自丁丑四月朔日，馆于陆宗伯文定公之家，偶一得之。"尽管董其昌对书画的兴趣日益浓厚，但也还是一心想走仕途。万历七年（1579）的秋天，踌躇满志的董其昌赶往南京参加乡试，却落地而归。万历十三年（1585），已经31岁的董其昌再赴南京乡试，又名落孙山。考场上的接连挫败，使他精神上备受打击。他的思想及对人生的态度渐渐发生了转变，开始信奉禅宗。禅宗在当时明代的士林间是十分盛行的，董其昌倾心于禅宗，结识了许多禅门大师，禅学就此影响着董其昌以后的思想和创作。董其昌屡次落第后，只好屈居平湖一带，靠教私塾糊口，并寄情于书画。当时，教私塾职业地位低下，收入很少，他的生活非常清苦。万历十六年（1588）的秋天，董其昌三上南京乡试，终于考中，他的文采受到王世贞的称赞。万历十七年（1589）秋，35岁的董其昌在北京会试考中二甲第一名，被选为翰林院庶吉士，从此，他走上了仕途之路。

董其昌考中进士后的政治生涯比较平坦，一直升迁到皇长子讲官的高位。从政之余，

曾鲸《董其昌小像》

他醉心于书画，游戏于禅学，沉迷于骨董收藏。在《画禅室随笔》卷一载："书家翰墨小道，其难如是，何况学道乎？""此余己丑所临也，今又十年矣，笔法似昔未有增长，不知何年得入古人之室。展卷太息，不止书道也。"

董其昌的为官生涯从万历十九年（1589）考中进士到崇祯七年（1634）引退，其间四十多年。董其昌在朝时间不长，大约十几年光景，但他把大部分业余时间用于书画研究和创作上，董其昌艺术上的成熟也是在这段时期。他的艺术理论成就颇高，尤其是"南北宗论"艺术思想，自成一家。

董其昌专长于山水，同时博采众长，注重师法古人传统，又能自成风格。他尤其喜欢董源的画。董其昌收藏董源的画共有四幅：《潇湘图》、《龙宿郊民图》、《夏山图》、《秋江行旅图》，此外就是半幅伪作《溪山行旅图》。他所作山川树石、烟云飞泉，柔中寓骨，转折灵变，墨色层次分明，拙中带秀，清隽雅逸。董其昌为官闲居江南时，他行迹万里，饱览各地风光，品味江南名胜山水，以造化为师，精研画艺，终成为一代大家。《画史绘要》评价："董其昌山水树石，烟云流润，神气俱足，而出于儒雅之笔，风流蕴藉，为本朝第一。"董其昌曾总结自己的山水画："余二十二岁作画，今五十七年矣，大都与文太史较，各有短长，文之精工，吾所不知，至于古雅秀润，更近一筹矣。吾画无一点李成、范宽俗气，然世终莫之许也。"董其昌书法也享誉明代书坛。董其昌临学古人，擅长行书、楷书。早年他从颜真卿入手，后改学虞世南。他认为唐书不如魏、晋，于是又学钟繇、王羲之，兼取李邕、徐浩、杨凝式、米芾等各家之长，晚年归入颜真卿。他的书法综合了晋唐宋元各家的书风，自成一体，笔划圆劲，平淡古朴。他的书法以行草造诣最高，行书以"二王"为宗，又得力于颜真卿、米芾、杨凝式诸家，赵孟頫的书风也影响到他的创作。草书源于颜真卿《争座位帖》和《祭侄稿》，并有怀素的圆劲和米芾的跌宕，用笔精到，少有偃笔、拙滞之笔；用墨也非常讲究，枯湿浓淡，尽得其妙；章法上，字与字、行与行之间，分行布局，疏朗匀称，力追古法；风格萧散自然，古雅平和。《漱六斋集》评其书法"以有意成风，以无意取态，天真烂漫，而结构森然，往往有书不尽笔，笔不尽意者"。他的书法影响深远，一直到清代中期，康熙、乾隆皇帝都以董其昌的书法为宗，将其作品放置案头，朝夕欣赏，上行下效，蔚然成风。

董其昌作为收藏家的一面，往往为画名所掩盖。董其昌知识渊博，阅历丰富，精于鉴赏。他曾被嘉兴大收藏家项元汴聘为私塾老师，在项家观赏了大量的法书名画，培养了自己的收藏兴趣。如秀水汪氏"韵石斋"中的图籍法帖，"天籁阁"的珍秘妙绘，苏州王氏收藏的黄公望山水长卷，扬州吴氏的赵孟頫碑拓墨迹，这些都令董其昌沉迷。董其昌有许多收藏趣事。据载董其昌有一幅《三清瑞像》的立轴，是元代赵孟頫为大长公主画的，仿唐代阎立本，上面有张嗣真的题诗。董其昌的朋友吴用卿见了惊异不已，愿意用古帖交换，董其昌不同意。吴用卿于是出示了另一张赵孟頫画、张嗣真题诗的手卷。上面"天宝君、灵宝君、神宝君”，正合“三清”之意。此卷此轴，仿佛是双龙神物，董其昌认为这是天作之合，于是就在自己的立轴上题写此事，一起送给了吴用卿。太仓王文肃家有宋笺，长十丈。开头有米芾题写的小楷，说“此纸世不经见，留以待善书者”。后来，王文肃提着宋笺要董其昌书写，董其昌欣然题写。董其昌收藏的《溪山行旅图》是不远千里赴陕西购得，《唐拓怀仁集宋本兰亭袖珍册》名帖，得之更远，是请人从高丽国斥巨资购得，因得之不易，董其昌也“秘储枕中，虽千金不与人一看”。经董其昌鉴赏收藏的历代名人书画有五六百件之多。董其昌读画仔细认真，题跋切中肯綮。如董其昌题跋评价《挑耳图》（南京大学考古与艺术博物馆藏）的屏障画，“挑耳图屏障画不用皴擦，唐时没骨设色山水也，王晋卿正仿之，予家有仙山图绝相似”。此评介点出了《挑耳图》屏风上山水画的源头，即《挑耳图》屏障画上的山水不用皴擦，用没骨设色，是唐代山水的遗风。所谓“王晋卿正仿之”，王诜也曾拥有过《挑耳图》。他画曾学李成，苏轼谓他得破墨三昧，同时他还事李思训得金碧法。董其昌回到家乡时，修了“来仲楼”、“宝鼎斋”、“戏鸿堂”、“画禅室”、“香光室”书画斋室，著书立说，论古谈今。他还悉心收集王羲之、王献之、谢安、桓温、赵佶、米芾等晋唐以来诸家名人法书。万历三十一年（1603），他评定题跋，辑为《戏鸿堂帖》，摹勒上石，嵌于“香光室”。

董其昌也是一位杰出的艺术理论家。董其昌一方面受儒家思想熏陶，受王阳明“心学”思想影响；另一方面又受佛、道思想影响。他参禅尤勤，得力于禅学，其画室名称为“画禅室”。《明史》称，“董氏性和易，通禅理，萧闲吐纳”。陈继儒为董其昌《容台文集》作序云：“独好参曹洞禅，批阅永明宗镜录一百卷，大有奇悟。”他与达观、憨山等名禅大师相交密切，时相请教，颇有收益。董其昌主张模仿古人，遵循古法，又以师古来避免流入率易。他总结自己的实践，列举出古人的众法中可学者、不可学者，当学者、不当学者，易学者、不易学者，何法学谁等等。他将天地、山川、古人作为三个层次，强调“画家以古人为师，已自上乘，进此当以天地为师”。董其昌著名的“南北宗论”影响深远。“禅家有南北二宗，唐时始分。画之南北二宗，亦唐时分也，但其人非南北耳，北宗则李思训父子着色山水，流传而为宋之赵幹、赵伯驹、伯骕，以至马、夏辈。南宗则王摩诘始用渲淡，一变钩斫之法。其传为张璪、荆、关、董、巨、郭忠恕、米家父子，以至元之四大家。亦如六祖之后，有马驹、云门、临济儿孙之盛，而北宗微矣。”董其昌的“南北宗论”运用禅宗原理对山水画创作进行考察，并把南宗的顿悟与北宗的渐修融入具体的分析中，认为南宗是文人山水画，有书卷气，有天趣，其创作是“顿悟”式的，北宗是靠功力，只重苦练，其创作是“渐修”式的。董其昌南北宗弘扬了画家的主体精神。董其昌关于南北宗的划分理论，第一次从艺术风格上将山水画分为南北两派，而非地域性的划分，自成体系。南北宗就其实质来说，是对中国山水画的全局回顾与界定，是对山水画史上的两大潮流、两种艺术风格、两种审美取向的划分。划分的标准是，是否以“文人画”及“士人气”为标准，董其昌在《画旨》中说：“文人之画，自王右丞始。其后董源、巨然、李成、范宽为嫡子。李龙眠、王晋卿、米南宫及虎儿皆从董、巨得来，直至元四大家黄子久、王叔明、倪元镇、吴仲圭，皆其正传。吾朝文、沈，则又远接衣钵。若马、夏及李唐、刘松年，又是大李将军之派，非吾曹当学也。”董其昌对南北两大风格的褒贬是十分鲜明的。董其昌认为，南宗出自文人画家，多用披麻皴，虚和萧散，天真幽淡，以绘画为乐，画家亦多长寿，呈上升发展趋势。北宗出自官廷画家和画工，多用斧辟皴，精工之极，刻画谨细，以画为业，以画为役，画家短寿，日渐衰微。他认为南宗有天趣、有恬静韵味和书卷气，并极力推崇南宗笔墨的率真和潇洒的士人气，力倡南宗画派，视之为正传。他批评北宗外露、草率，只重技巧，不知含蓄。认为“此派画殊不可习”。董其昌的南北宗论内涵极其丰富，立论高远，超出同时代的其他艺术理论。南北宗论迅速传播开来，虽然受到指责，但它是继六法后影响巨大的理论准则。虽然南北宗论也出现在莫是龙的《画说》中，但是董其昌对南北宗论的发挥最多，影响最大，其学养和理论在画坛上是执牛耳者。

董其昌还是画坛松江派的领袖人物。明初以戴进、吴伟代表的“浙派”、“江夏派”占据主流，后来被“吴门派”所取代。吴门派作画用笔含蓄，随兴而发。但由于商业利润的刺激，有些画家不认真研究前贤画中精髓，而是只求形似，得其表象，最终吴门派开始衰落，山水画风呈现衰退的局面。这时，董其昌提出师古人，师造化，“读万卷书，行万里路”的主张。他指出“必欲追其先辙，凌而上之”，“笔笔从古法中来”。他的作品笔法洗练，意境天然，为文人画开辟了新的面貌，董其昌的风格被称为“松江派”，还派生出赵左的“苏松派”、沈士充的“云间派”。董其昌交游广泛，不少画家、书法家直接或间接受到他的风格及理论的影响，有的直接出自其门下。较著名的有：赵左，字文度，善画山水，烘染方法如董其昌。沈士充，字振之，号雪鸿。山水以“苍秀浑厚”见长。程正揆，字端伯，号青溪道人。曾师事董其昌，虚心请益，为董其昌所器重，“凡书诀画理，倾心指授”。王时敏，字逊之，号烟客。是董氏姻亲，每以所绘向董氏请教，颇具古法，为清初“四王”之首。项圣谟，字孔彰，号易庵。祖父、叔伯皆与董其昌有深交，有机会向董氏请教。吴伟业，字骏公，号梅村，崇祯四年（1631）进士。受董其昌指导，所绘山水富有书卷气，为董其昌“画中九友”之一。冒襄，字辟疆，号巢民。少时从学董其昌，侍教十余年，为复社四公子之一。

崇祯九年（1636），董其昌居住在戏鸿草堂，他在为陈继儒的《白石樵真稿》作序文时，感叹自己年事已高，恐怕来日无多了。果然没多久，生了一场大病去世，享年82岁。董其昌逝世后，赐太子太傅，福王政权赐董其昌“文敏”。

董其昌的艺术不仅对明末的艺坛产生了直接的影响，而且远及清代乃至近代的美术界。董其昌强调师古的思想，被王时敏为首的“娄东派”山水画家所继承。他讲究笔墨技法，主张率意，被查士标、龚贤、八大山人等山水画家所继承。到了清代，董其昌的南北宗论为清代文人画家所推崇。清代乾隆时期方薰云说：“书画自画禅开堂说法以来，海内翕然从之，沈，唐、文、祝之流遂塞，至今无有过而问津者。近来又以虞山、娄江为祖，法亦复不参香光。一二好古之徒孤行造诣，必皆非笑之。书画之转关，要非人力能回者。”清代康熙皇帝爱好古书画，他收集临池古墨迹碑帖颇多，尤喜爱董其昌的书法，所作行楷临摹董其昌笔意。他曾特意为董其昌祠堂书写“芝英云气”匾额，举董其昌之孙董建中为荆门知州。康熙帝接受董其昌的南北宗论，以“南宗”山水为正宗。乾隆帝天资聪颖，爱好诗歌书画，曾临摹过李迪、高克恭、沈周等名家的作品，也爱好董其昌的画迹。乾隆帝认为董其昌“书画神味萧远，超轶古人”，在北京紫禁城咸福宫内亦设“画禅室”，可见其对董其昌之敬佩。

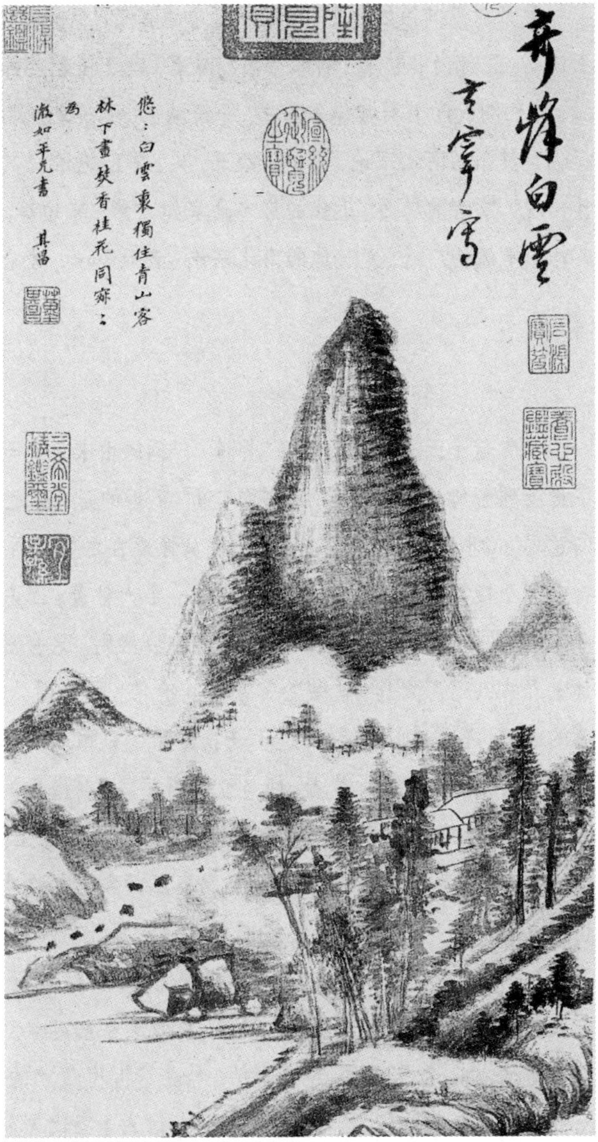

董其昌《奇峰白云图》

此幅《奇峰白云图》中一峰擎天如柱，霭霭云雾缠绕山腰。中景树丛中两间茅庐隐现，溪水沿着斜坡而下，似闻叮叮咚咚之声。近处坡岸无路可循，萧疏有致的林木却是苍劲挺拔。画面笔法轻松灵动，米家点更显云山缭绕的苍茫秀润。画面题诗：“幽幽白云里，独住青山客。林下昼焚香，桂花同寂寂。”交待了画面空山无路之因，想必那是隐于林间山麓不见其人的青山客的独享福地。除董其昌本人题款之外还有乾隆皇帝御题几行文字以及若干收藏鉴赏印信数方。

皇帝对董其昌如此之褒扬，朝廷中的官僚自然投其所好。康熙朝编修姜宸英、户部尚书王鸿绪、工部尚书赫奕、刑部侍郎冯景夏，雍正王朝礼部尚书董邦达，乾隆朝刑部侍郎钱维城、体仁阁大学士刘墉等书画家，纷纷响应，学董之风盛极一时。由于康乾两代皇帝都积极提倡董其昌的南北宗论，促成了四王、吴、恽正统派及其传人在画院中的优势地位，院画创作出现了繁荣的局面。近代的许多画家如方薰、陈垣等，都秉承董其昌遗风，直到今天，董其昌艺术流传广泛，尤其他的南北宗论，褒贬不一，讨论激烈，可见其影响之大。

二 《骨董十三说》与收藏

《骨董十三说》开篇介绍“骨董”一词的由来，有一定的象征含义。考察“骨董”一词，字面上理解骨为去肉存骨，尚书中“董”字指的是“董之用威，董正治官”。董就是懂、明白的意思。《骨董十三说》的内容：一说从骨董古之垫物居多，凡物必有垫，所以藉之，谈到事物之间互相凭借，相辅相成，天下就是一个大骨董。二说谈到骨董是一种玩物，不同的人对之态度不同。古之好古者聚道，今之好古者聚财。只有贤者爱好骨董，不会犯错误。三说讲骨董乃古人精工之作，收藏鉴赏家知其价值，而普通人不一定知晓，当然还有比骨董更深邃的古物，不是目前人可知，也不是收藏家可以预测的。四说是大小骨董，属于稀世宝玩，世代流传。凡为获得骨董者，都是权衡再三，思前虑后的，以唐太宗命萧翼赚《兰亭序》为例来说明。五说是骨董可以迎合人的耳目口鼻心知之性，而人之性并不先于骨董，而止于骨董。六说是骨董的可贵与长寿，是因为良工的精心打造得以爱惜相传。某种程度上说，骨董也是一种宗器，寿限长久。七说是骨董或隐没于荒野深山中人未识。会有把燕石夸耀为天下珍宝的人，也有把天下珍宝视为燕石的人，从这方面可以鉴古知今。八说是玩骨董可以交友、谈艺论道，还可以与古人相接，有助于祛病延年。九说是骨董有四类十一品，真正爱好骨董的人应追根溯源，辨清真伪。十说是指收藏家的品行对藏品命运的影响。十一说是三代夏商周是古器祖源，黄金、白银、赤铜属于三代器物，只有铜存留下来，成为三代古器的代表。十二说是讲四类十一品骨董中，书画的稀少，印章石刻的长久，琴剑之特性，镜子砚台的作用。十三说简述了骨董四类十一品种，窑器、漆器的情况，强调了骨董十三说的主题，辅助进德成艺，垂之永久，动后人欣慕在此也。跋中讲述《骨董十三说》的成书经过，编者刊印此书，希望广为流传。

《骨董十三说》是明代中后期江浙地区收藏活动繁盛的折射。当时，与官廷收藏相对应，民间收藏异常活跃，涌现出像王世贞、项元汴、董其昌等藏品丰富的一流大家，其他小的收藏家比比皆是。

在明代，人们崇尚古玩，古董（骨董）被当作清雅之物。一般而言，玩好之物，应以古为贵。明末著名士人陈继儒将清韵之物列成清单：香令人幽，酒令人远，石令人隽，琴令人寂，茶令人爽，竹令人冷，月令人孤，棋令人闲，杖令人轻，水令人空，雪令人旷，剑令人悲，蒲团令人枯，美人令人怜，僧令人淡，花令人韵，金石鼎彝令人古。据陆容《菽园杂记》，在明代前期，凡是收藏书画及诸玩器、盆景、花木的人，被称为"爱清"。自中期后，时人统称为"清娱"、"清玩"、"清赏"、"清欢"。"清"字点出了文化生活的性质，这不同于犬马声色物质享受的低级趣味，不仅能增长知识，愉悦性情，还能荡涤胸中烦闷，净化人的心灵，提高人的精神境界。顾起元《博古》诗，反映了士绅追求的博古风气："摩挲古彝鼎，仿佛辨殷周。虎凤葳蕤出，云雷漭泱流。"（《懒真草堂集·诗部》卷十七）张岱《陶庵梦忆》："朱氏家藏，如'龙尾觥'、'合卺杯'，雕镂锲刻，真属鬼工，世不再见。余如秦铜汉玉、周鼎商彝、哥窑倭漆、厂盒宣炉、法书名画、晋帖唐琴，所畜之多，与分宜埒富，时人讥之。余谓博洽好古，犹是文人韵事，风雅之列，不黜曹瞒，鉴赏之家，尚存秋壑。诗文书画未尝不抬举古人，恒恐子孙效尤，以袖攫石、攫金银以赚田宅，豪夺巧取，未免有累盛德。闻昔年朱氏子孙，有欲卖尽'坐朝问道'四号田者，余外祖兰风先生谑之曰：'你只管坐朝问道，怎不管垂拱平章？'一时传为佳话。"嘉靖以后，士大夫好古董、法帖之风大盛，巧取豪夺，无所不至。嘉兴项元汴家财雄厚，是全国著名的收藏家，藏有顾恺之《女史箴图》、阎立本《豳风图》、王摩诘《江山图》等，且以古董逐利。古董市场生意的兴隆，导致造假之风大盛，赝品充斥市场。明代沈德符对江南鉴藏家的行为和命运有着极深的体会，他借《万历野获编》“假古董”条，揭发了文人鬻古成风的事实。于是出现了一批鉴定名家，如王世贞、董其昌、陈继儒、李日华、项元汴等。他们许多关于鉴藏的理论至今仍被人们奉为鉴识书画真伪经验的总结。

董其昌在《骨董十三说》中总结道：“人莫尚于据德游艺也，立身以德，养生以艺。先王之盛德在于礼乐，文士之精神存于翰墨。玩礼之器，可以进德；玩墨迹旧刻，可以精艺。居今之世，可与古人相见在此也；助我进德成艺，垂之永久，动后人欣慕在此也。舍是而矜重之，则泛矣。然而较之耽于声色者又远矣，然后知骨董一句，为目前之大用也！”

三　本书的整理情况

董其昌撰写的《骨董十三说》，是我国收藏史上一部较早探讨骨董收藏的专论。《骨董十三说》先谈“骨董”字义，进而论其本义、类别及其见识与杂说，实为骨董概说书，系董氏临平湖（在浙江余杭临平山东南）舟行途中所撰，天启元年（1621）成编，清光绪二十三年（1897）杨文斌刊行。有《静园丛书》、《美术丛书》两种集本。《静园丛书》系近人沈光萤在民国七年（1918）辑成，有十种书目：《籀史》一卷，宋翟耆年撰。《端石拟》三卷、附一卷，清陈龄撰。《竹垞小志》五卷，清朱彝尊辑。《尊道堂诗钞》二卷，清吴东发撰。《诗画巢遗稿》一卷，清吴本履撰。《飞白录》二卷，清张燕昌撰。《清仪阁杂咏》一卷，清张廷济撰。《骨董十三说》一卷，明董其昌撰。《玉纪》一卷，清原心撰。《匋雅》二卷，近人寂园叟（陈浏）撰。《美术丛书》是由黄宾虹、邓实选编。黄宾虹是我国近现代著名的美术大师，邓实是著名的书画收藏家。两先生学邃识博，为提倡美术起见，乃集古今美术家之著述勒成此书。计收书二百八十一种。所收各书，以论述书画为主，而论画尤多。此外，凡关于雕刻摹印、笔墨纸砚、磁铜玉石、词曲传奇、工艺刺绣、印刷装潢及一切珍玩的论著，也广为收集，堪称美术论著之大成。此书由神州国光社初刊于1911年，复印于1928年，1936年三版重订续完，1947年四版增订刊印。江苏古籍出版社1997年据1947年版影印出新版。笔者考虑《美术丛书》本，刊行较早，且编著者黄宾虹、邓实声誉卓著，近年又出影印本，议甚新辟，流传较广，故依据《美术丛书》本，并参校《静园丛书》本。根据《骨董十三说》跋中所述，划分十三个段落，达成《十三说》。依此结构，对全书作了注译及点评。图版部分征用南京大学考古与艺术博物馆的收藏，在此，作者向南京大学考古学系表示深深的谢意！本书的注评工作得到了司开国博士的襄助，在此谨致谢忱！南京大学美术研究院硕士研究生王铮助我借阅资料，核对图注，辛苦有加！本书所录用的名画在为之作图注时，得到了我的好友、青年画家刘凯的帮助，我向他请益颇多，在此一并感谢！

本书若有疏误之处，还期方家赐教。

尚　荣

2011年8月

顾德谦笔迹，反映了古代文人鉴赏风气之盛。

清陈枚《月漫清游图》（之一）

绢本设色，纵37厘米，横31.8厘米，北京故宫博物院藏。

陈枚，生卒年不详，字载东，号殿抡，晚年又号枝窝头陀。康熙年间至雍正时供奉内务府。山水、人物画形色俱佳，极见功力，并在人物
染上借鉴西洋技法，使得人物结构与神情更符合情理。

此图是《月漫清游图》十二幅图册中的《游湖赏荷》。用笔细致精微，设色敷染清丽明艳。岸边手持精美团扇的仕女或是斜倚杨柳谈
是闲踱碎步等待采莲归来的兰舟靠岸，而归来的兰舟上撑篙的、打伞的，还有手扶花瓶的仕女，都是一样的匀称娇美、清新自然。插有荷
一个青花缠枝纹棒槌瓶在画中也是格外清新夺目。人物周边的配景也都是笔笔见功力，遒劲的树干、折笔皴擦的坡石，以及界画严谨的亭
是对仕女们柔美静雅气质的最佳衬托。

缘 起

杂古器物，不类者为类，名骨董。向有人以食品杂烹之名骨董羹[①]。杂埋饭中，蒸之名骨董饭。《易》曰[②]："杂物撰德[③]。"又曰："物相杂故曰文[④]。"文生于杂，有自来矣。文德修而人道立[⑤]，非人德无以明道，德何以人？总其别，同其异，名消实化。繁兴大用，突焰飞光，莫可测识。乃有骨董一句：用举形上之道也，不可以训诂论说通之者也[⑥]。然非下学，不能上达。训诂论说，所以通形下之器也。

交叉三角纹彩陶瓶

新石器时代，仰韶文化。

高10.7厘米，陕西宝鸡北首岭出土。

瓶身上部画有两圈三角纹，内圈三角纹与外圈三角纹相互交叉，两圈三角纹就像以瓶口为圆心向外绽放的两重同心圆花瓣。

【注释】

①向：从前，往昔。司马迁《报任少卿书》："向者仆亦常厕下大夫之列。"

②《易》：《易经》，我国一部古老深邃的经典，据传由伏羲的言论加以总结与修改概括而来，同时产生了易经八卦图，是华夏五千年智慧与文化的结晶，被誉为"群经之首，大道之源"。是古代帝王之学，政治家、军事家、商家的必修之术。

③撰：具备。潘岳《籍田赋》："司农撰播殖之器。"德：道德，品行。《荀子·王制》："无德不贵，无能不官。"

④文：线条交错的图形、花纹。《周易·系辞下》："物相杂，故曰文。"王充《论衡·言度》："蝮蛇多文。"

⑤人道：在中国古代哲学中，人道和天道相对应。子产提出："天道远，人道迩，非所及也。"

⑥训诂：解释古书中词句的含义。

玉璜

南京北阴阳营史前遗址出土。

玉璜，在中国古代与玉琮、玉璧、玉圭、玉璋、玉琥等，被《周礼》一书称之为"六器礼天地四方"的玉礼器。玉璜历史悠久，早在新石器时代就已出现。玉璜的形体可分两种，一种是半圆形片状，圆心处略缺，形似半璧；另一种是较窄的弧形。南京大学收藏的玉璜是弧形状。一般玉璜在两端打孔，以便系绳佩戴。商周以后，玉璜逐渐形成具有礼器和佩饰的两种作用。北阴阳营遗址位于南京城内鼓楼岗西北约500米的金川河二级台地上，遗址的下文化层既有新石器时代的居住遗址，又有同期的大量墓葬，上文化层则是相当于商周时代的"湖熟文化"层。玉璜文物系出下文化层的4座墓葬，属于考古学上"北阴阳营文化"中的典型器物，在年代上与太湖流域的崧泽文化早期约略相当，距今将近6000年（引自《南京大学考古与艺术博物馆陈列》）。

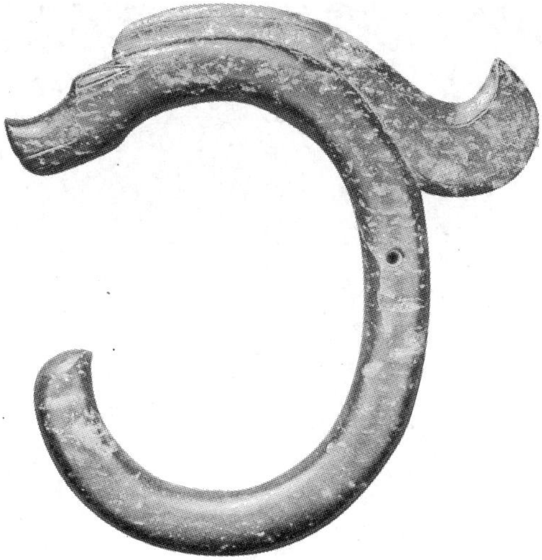

玉龙

史前，红山文化。高26厘米，1973年内蒙古翁牛特旗三星他拉出土。

此玉用墨绿色玉制成。整条龙呈“c”形，吻部较长，鼻部突出，有两个并排的鼻孔。颈脊长鬣飘飞，披向后背，鬣长且呈扁薄片状，似刃。龙尾内卷，龙背穿圆孔。雕琢精细，是一件形神具备的玉雕佳品。

玉玦

南京北阴阳营史前遗址出土。

透散石，圆形，环体上侧有缺口，磨制光滑精致。出土时多置于人骨架的耳际，且缺口向上，成对出现，应是耳环一类的装饰品。玉有缺则为玦，玦是我国古老的玉制装饰品，主要被用作耳饰和佩饰。小玉玦常成双成对地出土于死者耳部，类似今天的耳环，较大体积的玦则是佩戴的装饰品和符节器。

玉人

通高9.5厘米，1976年河南安阳殷墟妇好墓出土。

商代后期灿烂瑰丽的文化在殷墟遗迹发掘后向世人展示了出来。大量的石器、骨器、陶器、玉器无不体现出商人文化的多样性。出土的玉人有四件，这一件称为玉人乙。通体灰褐色，扶膝跪坐，神态安详宁和，显示出谦恭的性情。玉人的头顶梳着一个简单的发辫，头部两侧各有一个小孔，左右相通。玉人身上刻满了装饰性线纹，十分精美！显示出商代玉雕工艺的精良制作，但目前仍不能推断其确切的用途。

【译文】

不同的古代器物，不好归类的杂和一起形成一类，称之为骨董。以前有人把食品杂烩一起命名为骨董羹。把不同食物杂和在饭中，蒸出来称之为骨董饭。《易经》说："杂物聚合一起才具备德行。"又说："物与物相互交错，才有了斑斓的色彩。"在物与物相错杂中产生色彩纹样，是有它的根据的。修行文采和道德，社会的规范才能树立，没有做人的基本德行就不会明白事理，怎么能够增加人的德行呢？把个别事物统一起来，把不同的事物结合起来，消除事物名与实的区别。一切从大处着眼，万物如同幻影，盛极一时，又稍纵即逝，不可预测。于是有了骨董一词：追求形上之道，不可能用训诂考证和理论解说来阐释。但形而上的精神要通过训诂考证和理论解说的形而下的知识达到。所以训诂论说是通往形而下的工具。

【点评】

骨董有两意：一谓杂碎。杂煮之汤羹曰"骨董羹"，亦曰"谷董羹"，见于宋苏轼《仇池笔记·盘游饭谷董羹》。二谓杂器物。宋吴自牧《梦粱录·团行》曰："买卖七宝者，谓之'骨董行'。"此则为古书画、古珍玩、古器物之总称，又曰"古董"、"汩董"。韩驹《送海常化士》诗："莫言衲子篮无底，盛取江南骨董归。"清代李渔《意中缘·毒饵》写道："单靠一双识货眼，贱收骨董卖湖边。"

骨董成为文化人的一种嗜好，也成为一种行业生活方式。明人徐渭《跋书卷尾》之一说："董丈某，老骨董也；高直收之，讵堕误赏？"后来收藏骨董、鉴赏骨董、买卖骨董的人，也

虎食人卣

高35.7厘米，重5.09公斤，湖南安化出土。

这件虎卣是我国商周时期青铜器的代表之作。该青铜器表现了虎与人相抱的姿态，虎以后足及尾支撑身体，巧妙地形成青铜卣的三足；虎前爪抱持一人，人朝虎胸蹲坐，一双赤足踏于虎爪之上，双手伸向虎肩；虎欲张口啖食人首，虎两耳竖起，牙齿甚为锋利，摄人心魂。卣上还设有夔龙纹提梁和鹿形提钮。该器和许多出土的商代后期的青铜器一样，纹饰繁缛，在庞大粗壮的虎身上满饰有各种精美的动物组合图案，夔龙纹、饕餮纹、牛首纹、鱼纹等等。整个青铜器造型新颖，立意奇特，装饰精美。

较为奇怪的是虎所抱持的铜人，面无恐惧，其四肢似乎是主动抱住虎身。不知是将要被虎吞噬，还是在祈求虎的保护。对此，有观点认为，这一青铜器象征了人对自然的恐惧，表现人生命的脆弱；又有观点认为这是人将自己与具有神性的动物统一起来，期望获得这类神性和具有力量的动物的庇佑。

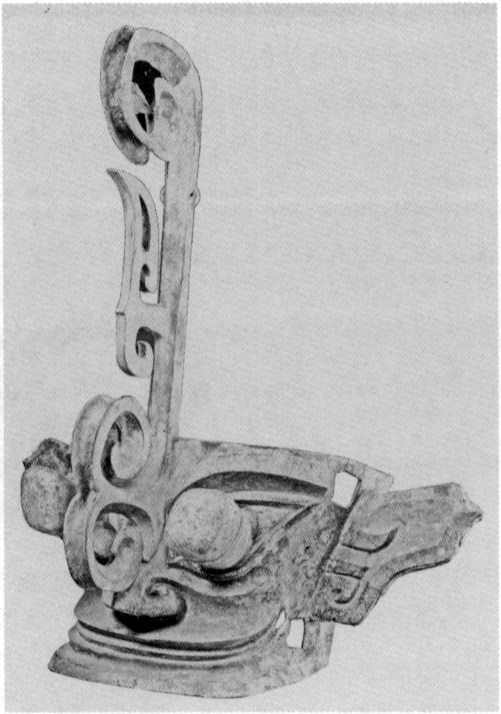

青铜面具一

高37.5厘米，重0.6千克，1986年四川广汉三星堆文化遗址出土。

三星堆位于川西平原北部的广汉三星堆村，历史上属于古蜀国。三星堆的惊世发现向我们展示了我国商周时期青铜造型艺术的瑰丽和神秘之美；同时也说明商代晚期到周时，古蜀国的金属冶炼铸造技术已经可以媲美黄河流域的中原青铜器制造技术了。

三星堆文化出土的铜立人、铜头像以及金面具都非常有代表性，具有图腾意味，富于神秘色彩。其中，铜人的眼睛进行了夸张处理。巫鸿先生在《眼睛就是一切——三星堆艺术与芝加哥石人像》一文中具体分析了三星堆青铜人像的眼睛形象及其所可能包含着的宗教功能。认为铜人的眼睛大体可以分为两类：大多数有一双引人注目的杏核状倾斜的巨目，其上部有粗阔的眉毛，下部有深陷的凹槽。最鲜明的特征是双目中央的一道横脊，使其眼球变成一个有棱角几何体。第二类眼睛更令人惊奇，其瞳仁从眼球表面突出成柱状。铜人的眼睛被夸张到无以复加的程度，反映出古蜀国人对眼睛威力深刻的认识。巫鸿认为这种柱状眼睛面具可能反映了某种形式的“开眼仪式”，即先单独制作突出的瞳仁，再将其铸在空的眼眶上。从技术方面讲，柱状瞳仁与面具进行一次性铸造应是不困难的，而采用“二次铸造”的技术可能是为了一种特殊的宗教礼仪的需要。总之，三星堆青铜面具杏核状倾斜的巨目和柱状鼓起的眼球，都让人感觉到古蜀国青铜文化的凌厉与诡魅，显示出一种静默的霸气之美。

被称为“骨董”，骨董又成为一种社会称谓。明无名氏《目前集》卷二说，骨董是方言，初无定字。朱熹在《朱子语类》中或写作“汩董”，或写作“古董”。今人谓古器为骨董，相承已久。好古嗜古是中国久已形成的文化倾向。《论语·述而》中看到孔子对这一追求的强调。《汉书》卷五十三《景十三传·河间献王刘德》所谓“修学好古，实事求是”。《后汉书》已经有古学之称，这里的古学特指古文经学，也包括古文字学。考古是很早就已经出现的语汇，北魏郦道元《水经注》卷十一《滱水》中已经有“考古知今”的话。与尊古、好古的倾向有关，骨董收藏与金石研究在知识界形成风气。

考骨字之文，从骨，从肉，从剐省，以剐去肉，会意也。观动植之物，肤肉附骨而生，至老朽而俱腐。惟人制金玉器物，藏之既久，受天地燥溼之蚀侵，世代流传之抚摩，剥落其外，透变其中，去肉而骨存者，故云骨。下连董字，何训？《书》曰[①]：“董之用威，董正治官[②]。”董字所出也，其文从艸，从重读。《易》曰：“藉用白茅[③]。”夫茅之为物薄，而用可重也，于是征其文有合于董治之义也[④]。凡置物必有藉之以成好，薄如草茅，用之为藉即重，重其物，即重其藉物也。制器物者，亦用以藉我养生供物之用耳。凡举事必有董之者以成功，亦犹置物者必有藉之，即所以督治之使安，安乃诚我受物之义也。诚则明

青铜面具二

矣，不诚则无物⑤。故于事物有不明者谓不董，会得曰董得也。

【注释】

①《书》：《尚书》，又称《书经》，是一部多体裁文献汇编，是中国现存最早的史书。分为《虞书》、《夏书》、《商书》、《周书》。战国时期总称《书》，汉代改称《尚书》，即“上古之书”。因是儒家五经之一，又称《书经》。现存版本中真伪参半。

②董之用威，董正治官：《尚书·大禹谟》：“董之用威。”《尚书》卷四十六《周官》：“惟周王抚万邦，巡侯甸，四征弗庭，绥厥兆民。六服群辟罔不承德。归于宗周，董正治官。”董，督察，监督。

③藉（jiè）：用草编的垫。屈原《九

小克鼎

西周晚期长铭文铜器，清末出土于陕西扶风法门寺任村一处窖藏。

据《陕西金石志》记载“光绪十六年（1890）秋，扶风任村任致远掘土得之”，罗振玉《贞松堂集古遗文》也认为“实出岐山法门寺任村任姓家……言当时出土凡百二十余器，克钟、克鼎及中义父鼎并在一窖中，时光绪十六年矣”。这批铜器出土后即被当地村民私藏，光绪二十七年（1901）被时任陕西巡抚的端方所夺。端方死后，其部分藏品转手至美国收藏家福开森所有。福氏在离开中国大陆前，将其部分收藏品捐赠给金陵大学，其中就有小克鼎。随小克鼎一起发现的有鼎、编钟等一百二十余件铜器。从铭文看，器主名“克”，曾出任“善（膳）夫”等宫廷高级官职，似因突遭变故而仓促埋藏这批宝器。周礼规定贵族按其地位高低，可在祭祖宴享中使用不同等级的青铜礼器组合，其中最有代表性的就是“列鼎”——天子九鼎、诸侯七鼎、大夫五鼎、士三鼎或一鼎。克鼎共七件，皆典型西周晚期风格：敛口鼓腹，方唇宽沿，立耳蹄足，颈、腹部饰多组曲纹、重环纹、足肩饰浮雕兽面。克组列鼎各器都有较长铭文，所载内容于证史、补史极有助益。南京大学考古与艺术博物馆所藏小克鼎是其中最小的一件，器高35.4厘米，口径33.6厘米，重12.54公斤。铭文共72字，大意是说器主克受天子的任命，做祖先祭器以表纪念。铭文笔势遒劲，雄伟舒展，是极为珍贵的历史和艺术珍品。克组列鼎出土后即流散，目前分别藏于上海博物馆、北京故宫博物院、天津艺术博物馆、日本京都黑川古文化研究所、京都藤井有邻馆、东京书道博物馆等地（引自《南京大学学学报》2009年第5期）。

歌·东皇太一》:“蕙肴蒸兮兰藉。”

④征:追究,追问。《左传·僖公四年》:“寡人是征。”

⑤诚:真心,不虚伪,真诚。《列子·汤问》:“帝感其诚。”《礼记·乐记》:“著诚去伪,礼之经也。”

【译文】

可以考察骨字字形文意,从冎,从肉,从剐省声,剐去肉之意,是会意字。观察动植物,肌肉依附在骨头上生长,一并老朽腐烂。只有人制作的金银玉器物,收藏起来保持长久,经受天地之间燥热潮湿的侵蚀,世代传承抚摩把玩,外表逐渐剥落,内部发生渐变,类似于去肉存骨,因此叫做骨。骨下面连着董字,怎么解释呢?《尚书》曰:“监督必须有威严,督察公正可以治官。”这就是董字的来源,其字从艸,从重读。《易经》说:“铺草垫用白色茅草。”茅草是单薄的,但可以承重,于是考证其文义有董治的意义。凡是放置一物必定有衬垫才好,衬垫单薄得像茅草一样,使用它来承重,被压在物体上,即压在草垫上。制作器物,也是借器物来传达养生供物的目的。凡做事情一定要有董正督促才能成功,就像放东西必须有衬垫一样,也就是说督查治理才能安定,安定才使我诚恳地理解事物的含义。真诚就会明白,不真诚就心中无物。所以对事

禹鼎

通高54.6厘米,据传出土于陕西岐山。

西周王朝从前11世纪文王、武王的建立到昭王、穆王的衰微,历时三百多年,这其间与周边民族的矛盾关系一直是剑拔弩张。史料记载昭王南征以及穆王西征的故事,其中都可以梳理出由于民族矛盾而累积的恶因。

这件禹鼎器形不甚大,但是造型敦厚,不失稳重,鼎上浅雕的装饰纹样,流畅华美,富于力度。腹内207字铭文记述了异族进犯周王朝东南部疆土而被周王朝擒获的事迹:当时噩侯驭方率领南淮夷、东夷侵犯周王朝的东南部疆土,周王命令西六师、殷八师前往征战讨敌,捍卫疆土。作器者禹受武公之命,率兵车百乘、甲士二百、徒兵千人参加征战,终于俘获对方首领噩侯驭方,战胜之后,铸作此件宝鼎,铭记功勋。这段禹鼎铭文不仅是记录周王朝与南淮夷、东夷之间的关系以及西周军制的重要资料,同时也是极为珍贵的书法文献资料。

物不认识不明白就叫不懂，理解了就叫懂得。

【点评】

探讨“骨董”这个词源。“骨董”的“骨”，是剐去肉剩下的干货。“董”字是草字头下面有个重字，从字面上解释，董是草与承重的结合。文中说道：“凡举事必有董之者以成功，亦犹置物者必有藉之。”说的是做事要能明白规律，不可不明事理；或者说做事必须有所依傍，有所根据，有所凭借。明白道理，有所依据，这样做事才不会太过偏差，是所谓懂得事物发展规律，行事合乎道理，这也就是文中所说的“故于事物有不明者谓不董，会得曰董得也”。“董”和“懂”同义，是了解、理解的意思。不懂就是不明事理，懂得就是明白事理。

唐孙位《高逸图》（局部）

绢本设色，纵45.2厘米，横168.7厘米，上海博物馆藏。

孙位，名遇，生卒年不详。因祖籍会稽（今浙江绍兴），自号会稽山人。擅长人物画以及宗教题材绘画创作，是唐末杰出的画家。性情狂野疏放，不拘小节，喜与世外人交游。唐亡后随僖宗入蜀，在四川寺庙道观创作了一批宗教壁画，广为流传。此《高逸图》为孙位具有代表性的一幅卷轴人物画，其内容所描绘的是历史上有名的魏晋时期七名文人隐士，史称“竹林七贤”。可惜现在所能看到的只有山涛、王戎、刘伶、阮籍四位文人，而描绘有阮咸、嵇康和向秀三人的那部分画面却已不知下落。

画幅迎首是宋徽宗赵佶所题写的瘦金书“孙位高逸图”，画面虽无作者款印，但钤有北宋南宋收藏印章数枚，亦被《宣和画谱》、《石渠宝笈》等书收录其中。此图画面第一位的乃是山涛（右），他袒露上身，双手抱膝，眼神平静而倨傲地向前注视，神态清闲潇淡。第二位与山涛错位而坐的是善为“如意舞”的王戎（左），手中所持应是长柄如意，其表情也是闲逸超脱的。在其里侧各有刻有精美花纹的青铜容器。身后亦有抱琴与抱画童子侍立。人物间点缀的湖石花木也十分精彩，山石玲珑，皴擦得体，厚重有力，几根芭蕉设色清雅。孙位通过对线条的把握和对人物内在精神的理解，刻画出了魏晋名士的风流倜傥、卓尔不群的气质。

一　说

骨董古之垫物居多，凡物必有垫，所以藉之也。置物而无垫，虞其易损也[①]，藉之即所以治之使成其用也。求古人之服食制度不可见，见藉服食之器而贵重之，可以征好古之心人所同。然物藉之以存焉者也，而物又莫不相藉也。食物以器藉之，器物以几藉之，几以筵藉，筵以地藉，而地孰藉之哉？能进而求知藉地之物，则天人交而万物有藉矣。古者洪水滔天，泛滥无地，下民昏昏不知所垫[②]，有禹董治之，则天下皆藉之矣。天下一大骨董也，人皆画于小而遗其大[③]，特未之思耳！

【注释】

①虞：意料，预料。《左传·僖公四年》："不虞君之涉吾地也。"

②昏昏：神志不清。《战国策·赵策四》："此皆能乘王之醉昏，而求所欲于王者也。"《三国志·吴书·贺邵传》："偶有逆迕，昏醉之言耳。"

③画：谋划，筹划。《左传·哀公二十六年》："君请六子画。"

【译文】

骨董中以古代的垫物居多，凡器物必有垫物，用以依托。如果放置器物没有可依托的垫物，恐怕很容易损坏，依托垫物就是用来治理器物，以便发挥其功用的。探求古人的服饰饮食制度已经不可目见，但通过古人服饰饮食的器物看出它们是非常贵重的，可以考证好古之心，人人都是相同的。器物与垫物相互凭借才可以保存下来，事物之间没有不相互依托的。食物以器物来盛放，器物放在几案上，几案以筵席为凭借，筵席是以大地为凭借，大地又以什么为凭借呢？如果能进一步探求承载大地的是什么，那么就可以理解天人合一、万物相联的道理了。古时洪水滔天，到处泛滥，百姓迷茫不知有所依靠，有大禹督察治理水患，天下百姓就都依附他。天下就是一个大骨董，人们都计较小事而放弃大事，实在是没有思考啊！

鸟尊

通高25.3厘米，长33厘米。该青铜器1988年于山西太原赵卿墓出土，故而称之为赵卿鸟尊。春秋时期酒器，现藏山西博物院。

器物整体造型圆浑，形如一只驻足挺立的鸷鸟，头顶有冠，冠上有纹及双角，两眼圆睁，尖喙圆厚且突出。鸟的脖颈前伸，似受到惊吓，制作者捕捉到了鸟正在恐惧观望的瞬间动态。鸟尊的腹部圆鼓，腹腔中空，与头、颈相通，背上置设一口盖，盖由链条与兽型提梁相连。全身满布鳞形羽毛，翅膀造型优美，羽翼线纹流畅而华丽。鸟足粗壮有蹼，鸟尾下设一虎形支脚。外置弧形云形鳞状边翼。可谓造型独特新颖，装饰繁复而绮丽，为春秋青铜器的代表之作。

【点评】

“骨董”一词从饭食中而来，如此简单的生活中，阐发出人的德性修养，探求骨董字义本身的意义，也就会理解事物及事物的运行规律。骨董下面垫物，事物之间相互凭借，整个自然界乃至人都是相互凭借的。远古洪水泛滥，百姓无所借靠，大禹治水，天下有凭借，天下就是一个大骨董，说明了人与自然的关系，这体现的是事物对立统一的规律。如阴阳两面循环，五行相生相克的运行规律。阴阳是古人对宇宙万物两种相反相成的性质的一种抽象描写，也是宇宙对立统一及思维法则。《老子》所谓“万物负阴而抱阳”、《易传》所谓“一阴一阳之谓道”。《易经》讲阴阳变化的数理和哲理，其基本思路：阴阳交感而生宇宙万物，宇宙万物是阴阳的对立统一。阴阳学说是在气说的基础上建立起来的，并在气说的基础上，进一步认为天地、日月、昼夜、晴明、水火、温凉等是运动变化中一分为二的结果，这样就抽象出来阴和阳两个相对的概念。阴阳是抽象的概念而不是具体事物，所以“阴阳者，有名无形”（《灵枢·阴阳系日月》）。《尚书·洪范》中“五行：一曰水，二曰火，三曰木，四曰金，五曰土”。古人认为，宇宙万物就是由这五种基本物质构成的，它也是关于宇宙社会属性及其变化规律的范畴系统。五行的“行”字，有“运行”之意，故五行中包含着一个非常重要的观念，便是变动运转的观念，也就是“相生”与“相克”。五行学说并非言木火土金水五种具体物质本身，而是指五种不同属性的抽象概括。它以天人相应为指导思想，以五行为中心，以

䲨镈

䲨镈是一种形制接近于钟的古代乐器，但与钟又不尽相同，钟口呈弧状，镈则为平口，其器身横截面为椭圆形。该铜镈上部为钮，钮的造型塑造成一组相对的龙形，其势飞动，宛若周遭有祥云萦绕。龙纹的边缘还巧妙地辅以阴刻单线为装饰。镈的外壁间隔装饰有三排乳丁，总计36枚，乳丁之间均饰有大同小异的夔龙纹，中间为铭文。纹饰层层相错，华丽且工整，整个铜镈显示出厚重古朴之气，又不失秀丽典雅之态。

空间结构的五方，时间结构的五季，人体结构的五脏为基本间架，将自然界的各种事物，按其属性进行归纳。凡即具有生发、柔和特性者统属于木；具有阳热、上炎特性者统属于火；具有长养、发育特性者统属于土；具有清静、收杀特性者统属于金；具有寒冷、滋润、就下、闭藏特性者统属于水。将人体的生命活动与自然界的事物现象联系起来，形成了联系人体内外环境的五行结构系统，用以说明人体及人与自然环境的统一性。同时，五行不但影响到人的命运，也使宇宙万物循环不已。五行相生含义：木生火，因木性温暖，火隐伏其中，钻木而生火，故木生火。火生土，因火灼热，故能焚烧木，木被焚烧后变成灰烬，灰即土，故火生土。土生金，因金需隐藏于石里，依附山，浸润而生，聚土成山，有山必生石，故土生金。金生水，因少阴之气（金气）温润留泽，金靠水生，销锻金也可变为水，故金生水。水生木，因水温润而使树木生长出，故水生木。五行相克含义：是因为天地之性，众胜寡，故水胜火；精胜坚，故火胜金；刚胜柔，故金胜木；专胜散，故木胜土；实胜虚，故土胜水。

格物致知。作者此说纲领性地点明世上万物间的关系，以及认识其中的规律，对理解“骨董”有重要的意义。继“缘起”之后，更进一步阐释了“骨董”一词的含义。

唐卢楞伽《六尊者像》

设色绢本，每页纵30厘米，横53厘米，北京故宫博物院藏。

卢楞伽一作稜伽，生卒年未详，擅长佛经变相题材。因有史料记载其曾拜玄宗时期著名全才画家吴道子为师，故推断其活动于公元8世纪中期；但史料对其生平并没有太多记载，《益州名画录》中亦有说明其卒于其师吴道子之前。其一生的创作不太丰富，才力也不及其师。乾元初年曾作《行道僧》并得颜真卿题名，被时人广为称颂。又曾倾尽才力画庄严寺三门，意为与其师一比高下，吴道子看见叹赏有加，评其“笔力常时不及我，今乃相类”，只可惜“是子也精爽尽于此矣”！其后不久，卢楞伽果溘然离世。不过，其所作的佛教题材绘画能得到吴道子的肯定，亦可见是有扎实功力的。

此幅《六尊者像》为其流传于世的代表作。这套册页初时应为十八幅尊者，惜流传至今仅存其六。画面尊者造像各具情态，神情非常丰富生动，赋色不多但是不失厚重与庄重。此画尊者手持精美拂尘，端坐佛椅之上，造型端庄，装饰精美，极富禅意。一张精巧的黑色经桌四边皆有嵌螺钿式的花纹，弧形牙板与葫芦形桌腿，构思巧妙。经桌上一只红色经盒鲜艳夺目，金属的烛台也为画面增添了一抹庄重的色彩。

二 说

骨董今之玩物也[①]，唯贤者能好之而无敝[②]。拘谨之人视为无用之物，斥去不蓄[③]，恐人耽于玩好，废时失事，流为游惰而无成也，其敝失于鄙俗而止。贪戾者视为货殖之物[④]，见有可居为奇者，竭蹶以图[⑤]，唯恐不得。得之，保重之过于性命，或至争夺怨尤，皆归咎骨董。岂骨董之

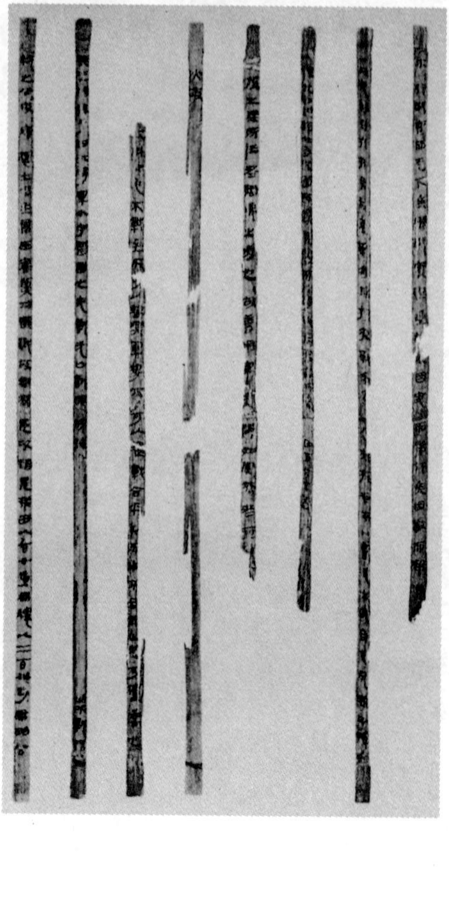

《孙膑兵法》残简

《孙膑兵法》古称《齐孙子》，作者孙膑，生于战国时期齐国阿、鄄之间（今山东阳谷、鄄城一带）。《孙膑兵法》为我国古代著名兵书，时至今日，仍显示出其独到的军事价值。

《孙膑兵法》残简1972年出土于山东临沂银雀山1号汉墓，由于年代久远，损坏较重，共清理出残简223枚，能够清晰辨识的文字5985个。部分残简上的文字墨迹清晰，皆为隶书抄写，书写流畅，行笔自如。字体方中带圆，圆转中又见工谨。所抄写内容是著名的战国兵家名著，具有重要的史料价值、军事价值，同时更具有极高的书学价值和审美意义。

咎？咎在不知好之也。文中子见任公好古什物，钟鼎圭玺钱贝毕具。曰：“古之好古者聚道，今之好古者聚财。若任公者，不知好骨董者也。人能置身优游闲暇之地，留心学问之中，得事物之本末终始，而后应物不失大小轻重之宜，经权之用[6]，乃能即物见道。学以聚之，问以辩之，其进有不可量者矣。”故曰：唯贤者能好之而无敝也。

【注释】

①玩物：见于《尚书·旅獒》：“玩物丧德，玩物丧志。”春秋时，卫懿（yì）公是卫国的第十八代君主。卫懿公特别喜欢鹤，整天与鹤为伴，如痴如迷，丧失了进取之志，常常不理朝政、不问民情。他还让鹤乘高级豪华的车子，比国家大臣所乘的还要高级，为了养鹤，每年耗费大量资财，引起大臣不满，百姓怨声载道。公元前659年，北狄部落侵入国境，卫懿公命军队前去抵抗。将士们气愤地说：“既然鹤享有很高的地位和待遇，现在

错金云纹鼎

春秋时青铜鼎，1966年陕西咸阳出土。

鼎身为扁圆形，下有高挺细长、造型优美的三足，鼎身中有左右双耳，鼎盖上有三个环形钮。铜鼎通体金银镶嵌以装饰性纹样，这在春秋战国时期的铜器上是常见的工艺。其纹饰共分为五个层次：盖顶为莲瓣纹，中间三层为云纹，呈几何状，鼎腹下部为三角纹饰，耳、足、环钮部位也均有纹饰。色彩亮丽夺目，纹饰飞转流动，器物显得繁缛奢华。

鎏金嵌玉镶琉璃银带钩

带钩是我国古代贵族、官僚以及文人武士日常生活中用来装饰和收束衣服用的，所用材料丰富多样，有青铜、金、银、铁、玉等。此件带钩于1951年11月在河南辉县固围村5号战国墓出土，此地属战国时的魏国，由此可以推论这件出土的带钩应是魏国皇室和贵族们的饰品。

带钩的造型是以钩、颈、体、钮四部分组成。钩体微微弯曲，与人体相吻合，此带钩由白银制成，通体加以鎏金。钩身铸浮雕式的兽首和长尾鸟，兽首分列钩前后两端，相背分布，造型似牛似虎；长尾鸟居钩左右两侧，相互对称，呈S形盘曲逶迤。钩身正面依次嵌饰了大小不一的三枚白玉玦，玉玦表面也线刻着谷纹，装饰富丽，节奏明快，富于韵律，玉玦中心还镶嵌有俗称蜻蜓眼的球形玻璃彩珠，钩身的前端为白玉雕成鸿雁首形的弯钩，从侧面看恰似一曲颈昂首的鸿雁。

从工艺上看，带钩还分别采用鎏金、镶嵌、凿刻、漆绘等不同手法，其中鎏金、镶嵌为我国金属铸造工艺中颇为古老的传统装饰手法，特别盛行于春秋战国时期。多种工艺的结合使用可以将不同质地、不同色泽的材料加以巧妙地结合，对比强烈又相互和谐，装饰效果明显。

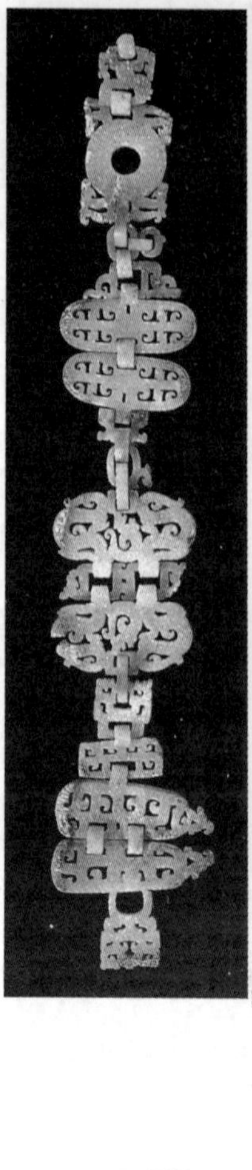

玉佩挂饰

全器由玉璧、龙纹玉瑗、玉撇玉饰、活环等形制构成，各部分连接一起，共16节，每个部分的连接处有榫头和铜销钉，便于折叠、拆卸或者重新变化组合。玉器采用了透雕、浮雕、阴刻等手法雕刻而成，表面饰有谷纹、云纹、斜线纹，纹饰精美，纹路细腻。是战国玉饰中设计精妙、组合巧妙的代表作。

翼兽形提梁青铜卣

甘肃泾川出土。

此器物腹部两侧有双翼为饰。此器物可能受西亚文化或者草原文化的影响，其风格和西亚文化中的怪兽"格里芬"相似。格里芬是希腊神话中一种鹰头狮身有翅的怪兽，传说它可以口喷毒焰。中国古书中也有"如虎添翼"之说，《山海经》记载了有翼怪兽的故事，第七卷《海内北经》有："食人从首始。穷奇状如虎，有翼，食人从首始。所食被发。在犬北。"

就让它去打仗吧！"卫懿公没办法，只好亲自带兵出征，与狄人战于荥泽，由于军心不齐，结果战败而死。人们把卫懿公的行为称作"玩物丧志"。古人有诗云："曾闻古训戒禽荒，一鹤谁知便丧邦。荥泽当时遍磷火，可能骑鹤返仙乡？"

②敝：坏，破旧。《墨子·公输》："邻有敝舉而欲窃之。"

③斥：排斥，斥退。《盐铁论·刺议》："是孔丘斥逐于鲁君，曾不用于世也。"蓄：积蓄，储藏。《战国策·秦策》："沃野千里，蓄积饶多。"

④戾：违背，乖张。《荀子·荣辱》："果敢而振，猛贪而戾。"《淮南子·览冥》："举事戾苍天，发号逆四时。"货殖：经商。《抱朴子·安贫》："货殖营生，累万金之赀。"

⑤蹶：竭尽，枯竭。贾谊《论积贮疏》："生之者甚少而靡之者甚多，天下财产何得不蹶。"

⑥权：权衡，衡量。《荀子·王霸》："权物而称用。"

【译文】

骨董在今人眼里是玩物，只有贤达的人才能爱好它却不至于犯错误。拘泥的人将它视为没有用的东西，扔掉不收藏，唯恐自己耽误于玩好之中，浪费时光做不成事情，流于懒散一事无成，他们的毛病停留在鄙视世俗上。贪婪的人把骨董视为经营生利的商品，看到奇货可居，就拼命牟取，唯恐得不到。得到后，看得比性命还重要，有的相互争斗，相互怨恨，都归罪于骨董。难道是骨董的错吗？错在人们不知道如何爱好它。文中子见任公爱好古董，钟鼎、圭玺、钱贝都收藏。他说："古代好古的人是聚道，今天好古的人是敛财。像任公，不是真正爱好古董的人。真正爱好骨董的人能置身于游览闲暇的地方，留心学问，能知道事物的来龙去脉，而后处理事情大小轻重得体，经过权衡利弊，就能明白事物规律。积累学识，明辨事理，进步不可限量。"因此说只有贤达的人才能爱好古董而不犯错误。

编钟

编钟是古代一种打击乐器，供宗庙祭祀以及宴请宾客等正式场合使用。全套编钟共65枚，依大小次序分三层，并以大小和音高为序分为多组悬挂于铜木结构的钟架之上。镈钟1枚；甬钟45枚，分五组居于钟架的中、下层，中层音色洪亮，下层形大体重，音调深沉浑厚；钮钟19枚，比甬钟小，分三组挂于钟架上层，声音清脆。编钟音乐性能保存完好，音色优美，音域宽广，从最低音到最高音，共有五个八度，能演奏古今中外的乐曲。

【点评】

对骨董的态度往往有两个极端：一是特别谨慎的人，认为骨董是玩物，是没用的东西，担心这担心那，害怕所谓丧志丧德，其实自身最后也是一张白纸，所谓水至清则无鱼，人至察则无徒。另一个极端是在贪财的人眼中，骨董是可以生利的货物，奇货可居，竭泽而渔。得到后，看得比自己的身家性命还重要。一叶一菩提，一沙一世界，从骨董上看出人性的光辉或是弱点。古时爱好骨董的人是聚德、聚道，今天爱好骨董的人是聚财，也可以用人心不古来形容。骨董是历史遗留的文物，是一种学问，反映社会发展的信息。真正爱好骨董的人通过它认识事物的来龙去脉，用历史的标准衡量今天的事物，透过现象看本质，探求学问之道，这样前途不可限量。

康有为在《欧洲十一国游记二种》中说：古物虽无用也，而令人发思古之幽情，兴不朽之大志，观感鼓动，有莫知其然而然者。若农夫乎，则耕田而食，作井而饮，抱妻子而嬉，奚所事于古物为？若野蛮乎，渔猎而食，捕虏杀人，悬人头于胸及其室庐以夸勇，掠妇女而淫焉，奚所事于古物为？过欧洲之都会，古董之肆森列；其余国，则食肆、用物肆耳。观古董之多寡，而文野之别可判矣。入欧人之宅，其厅必遍挂古董异物以相争耀。亚洲人亦有名士故家藏古董者，然不悬于外。且若是之家亦甚渺，郡邑不易一二见也。故观室庐古物之多少，而其人民文野之高下可判矣。歌德说过："收藏家是最幸福和快乐的人。"所有的藏品都是人类共同的财富，收藏家的幸福和快乐，是在收藏的过程中。

韓滉文苑圖

五代周文矩《文苑图》

绢本设色，纵37.4厘米，横58.5厘米，现藏北京故宫博物院。

周文矩，五代南唐金陵句容（今属江苏）人。南唐画院翰林待诏，长于书画，尤其工于人物，但又不落窠臼而自成一家风貌。《宣和画谱》中评其“仕女类近周昉，而纤丽过之”，“升元中煜命文矩画《南庄图》，览之叹其精备”。其在人物画创作上独创的“战笔描”，紧劲连绵，有顿挫的力度，却不失流畅之美感。

本幅《文苑图》并无周文矩的款识印信，却有徽宗赵佶所题的“韩滉文苑图，丁亥御札”，后人颇多以此为据将该画定为韩滉所作。然而将周文矩其他作品罗列过来细细比对其用笔用色便可知风格极其相近。现藏美国大都会博物馆的一幅《琉璃堂人物图》被定为周文矩的作品，画面后半段的内容也是与《文苑图》一致的，史上曾有周文矩作有《琉璃堂人物图》一幅的记载。另外一个可以佐证的细节是图中人物头上所戴的幞头样式也是到五代才有，并不是唐代韩滉所能想象。如此一来，此图足可认定为五代周文矩真迹无疑。

《文苑图》中所描绘的四位儒雅的士大夫和一研墨童子，或坐，或立，或凝神推敲，或静心斟酌，不大的一幅图画满是文雅默契之气息。画中五人服饰相近，层次递进分明。一株松树，不甚高大，几根松枝倒挂，别具虬龙之势，树石燕草的勾染也爽利细致。执笔托腮与袖手伏于松干的两个文士似正同斟诗文，双双坐于石凳的二位却是在细赏一卷经文。此时，不知画外何人相唤，执卷者回首寻望。其身后有一件带盖的器皿，似是食盒一类的物什，周边各有镶嵌，颇具装饰性。磨墨的童子安静做事，谨守本分，对外物毫不关心。小小画幅却描绘了如此各具神采的人物，周文矩不愧为五代时期人物画名家。

三 说

今之骨董，古人用物也，其制作精工，非今人可及。故历代宝惜爱护之[①]，什袭而藏[②]，不轻示人，非收藏赏鉴家不能知也。世俗所贵重者，但知有黄金而已。可使一磁盘一铜瓶，几倍黄金之价，非世俗所知也。故人能好骨董，即高出于世俗，其胸次自别[③]，或可即目前以开其未发之韫也[④]。要知古之所当贵重岂仅用物哉，即仅知贵用物，已能轻黄金而尚之，度越世俗远矣，更能进以求用物之物，用则知有我物在。自开辟传来，不更

错金双翼铜神兽

战国时期兽形青铜器物，造型神异，似狮非狮，似虎非虎，形象威猛而凌厉。身躯壮硕肥厚，圆浑有力，又健美而挺拔。其兽头向一侧高高昂起，口张作咆哮状，怒目圆睁，长舌挺起，利齿毕现。前胸宽而低沉，矮曲似伏地，两肋生云翼，四肢劲健曲张，利爪尽伸，尾部下垂，脖颈暴涨，头偏摆。兽身用粗细不同的银片、银丝错出复杂多变的纹饰，背上还有两只蟠曲于云中的小鸟，使威武凶猛的神兽显得生动而神秘。后臀隆起，利爪外撇，平稳有力地撑住躯体，随时准备腾空而起。

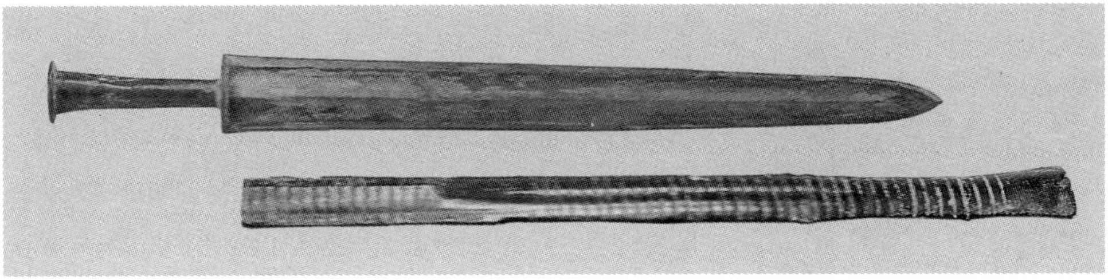

漆鞘铜剑

南京大学考古与艺术博物馆收藏。

古于用物耶？于此深求而自得之。毕见古人精微广大之制作⑤，有合于造物化工以安庶物，更千古而藉之者尽出于是⑥。益非目前人可知⑦，亦非收藏赏鉴家可测也。

【注释】

①宝：视……为宝，珍爱。《尚书·旅獒》："不宝远物，则远人格；所宝惟贤，则迩人安。"

②什：杂，多样。《汉书·薛宣传》："处置什器。"袭：因循，沿袭。《史记·秦始皇本纪》："太子胡亥袭位。"什袭引申为郑重收藏。

③次：按顺序排列，等次。《荀子·王制》："贤能不待次而举。"

④韫(yùn)：藏。《论语·子罕》："有美玉于斯，韫椟而藏诸，求善贾而沽诸？"

⑤毕：都，全部。《史记·太史公自序》："天下遗文古事，靡不毕集。"

⑥更：经过，经历。《韩非子·外储说左上》："更日久则涂干而椽燥。"

⑦益：更，更加。《文子·上礼》："故扬汤止沸，沸乃益甚。"

【译文】

今天的古董实际上是古人所用之物，它们制作精良，不是现在的人可以达到的。因此历代都被当做珍宝爱护，郑重收藏，不肯轻易示人，这一点，非收藏家赏鉴家不可得知。世俗认

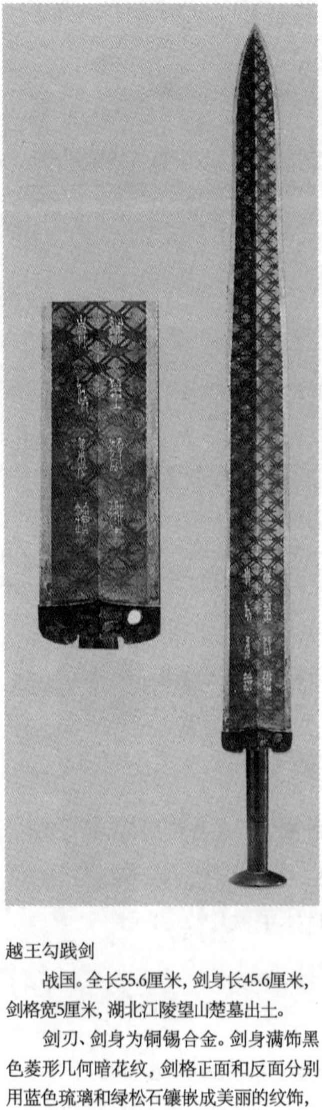

越王勾践剑

战国。全长55.6厘米，剑身长45.6厘米，剑格宽5厘米，湖北江陵望山楚墓出土。

剑刃、剑身为铜锡合金。剑身满饰黑色菱形几何暗花纹，剑格正面和反面分别用蓝色琉璃和绿松石镶嵌成美丽的纹饰，剑首铸有极其精细的十一道同心圆。

为贵重的东西，只是黄金而已。而使一个瓷盘、一个铜瓶相当于几倍黄金的价格，就不是世俗所能了解的。因此一个人爱好古董，就已经高于世俗，他的心胸自然与众不同，或者可以就目前之物开发未开发的意蕴。要知道古人认为贵重的哪里只是器物呢，即便知道以物为贵，已是轻视黄金而崇尚骨董了，这已经超越世俗更远了。如果能进一步探求用物的本身，就知道还有我这个物的存在。自从开辟传来，不是有比用物更古老的吗？在这一点上，可以深入探求，自己便能领会更多的东西。全面观察古人精微博大的制作，合乎自然造化，安定万物，经过千古而有所凭借的，是由此发端。这不是现在人可以知道的，也不是收藏家鉴赏家可以预测的。

【点评】

收藏家知道流传骨董的价值，择优典藏；普通人只知道黄金有价，而不知像磁盘、铜瓶这样的骨董却是黄金价格的几倍，因此收藏家和普通人对待骨董的看法殊是不同。收藏家能从物品目前的状态看出长远的价值。古人精微，所制的骨董，合乎自然，历经千古的永恒价值，就是收藏家也难窥视。张岱《陶庵梦忆》吴中绝技："陆子冈之治玉，鲍天成之治犀，周柱之治嵌镶，赵良璧之治梳，朱碧山之治金银，马勋、荷叶李之治扇，张寄修之治琴，范昆白之治三弦子，俱可上下百年保无敌手。但其良工苦心，亦技艺之能事。至其厚薄深浅，浓淡疏密，适与后世赏鉴家之心力、目力针芥相投，是岂工匠之所能办乎？盖技也而进乎道矣。"说明今之骨董，古人用物，推广及之，今之用物，明之骨董。如《兰亭序》中，后之视今，亦犹今之视昔。

现在一些电视的收藏鉴宝节目为了提高收视率，着意强调经济价值，当提到估价时，估计每个观众会睁大眼球。经济价值由所谓的专家判定，可能代表目前市场上的行情，但并不能真实反映文物本身的价值。有些收藏家甚至把骨董文物收藏流传，看作是击鼓传花的游戏。其实真正的收藏家是消费和享受收藏骨董，而不是单纯的投资。骨董可以上升到文物层次，具有三个价值：第一是历史价值，第二是科学价值，第三是艺术价值。现存骨董文物的沧桑表情可以让人追寻历史的足迹，文物首先是历史价值。不同类型的文物都具有历史研究价值，它们都从不同侧面反映了当时的社会生产力、生产关系、经济基础、上层建筑以及社会生活和自然环境的状况，是帮助人们认识和恢复历史本来面貌的重要依据。文物的科学价值是指文物的制作工艺反映的所在时代的科学技术水平，它体现的是在自然科学或工程技术方面的价值。艺术价值是指它的构思、工艺，在继承前人的基础上进行的创新，独具特色的外形等。

（正面）　（背面）

六字齐刀

《史记·货殖列传》记载齐国"带山海，膏壤千里，宜桑麻，人民多文彩、布帛、鱼盐"，春秋战国时期，齐国繁荣昌盛，齐桓公为春秋五霸之首。经济的繁荣带来交易的增多，货币流通成为民间日常生活中的重要之事，从而进一步促进了刀币的出现并迅速得以广泛应用，这一现象一直延续到秦始皇统一货币之后。

按照字数划分，目前所发现的刀币分为三字、四字、五字、六字四种，其中六字刀铸行量较少，殊为珍贵，六字刀是目前公认的中国最早的纪念币，极具历史价值和文化内涵。目前所了解的收藏，国内外仅有数十枚存世，而且大多是被国内外各大博物馆收藏。

明唐寅《临韩熙载夜宴图》(局部)

绢本设色，纵30.8厘米，横547.8厘米，重庆博物馆藏。

唐寅（1470—1523），字子畏，一字伯虎，号六如居士。自言“江南第一才子”。他是位多才多艺的画家，山水、人物、花鸟都有很高的造诣，一生却饱受世态炎凉。在绘画的道路上，唐寅追摹李成、范宽，以及“南宋四家”的画法笔意，苦心钻研。其山水无论雄伟险峻的宏图，或是清幽平远的小景都风骨萧然、沉郁奇峭。恽南田曾评曰：“六如居士笔墨灵逸，李唐刻划之迹，为之一变，洗其勾斫，焕然神明。”人物画方面亦有《孟蜀宫伎图》、《秋风纨扇图》等传世。唐伯虎这幅《韩熙载夜宴图》的临本，充分展示了其在古代工笔人物画中取得的成就。

《韩熙载夜宴图》本是五代画家顾闳中所画作品。韩熙载是五代南唐人，博学多才，独善其身，胸有韬略，城府颇深，他刻意躲避后主李煜的任用，借助表象的声色犬马掩盖内心的不安和忧虑。画中韩熙载出现五次，但皆表情忧郁，神色凝重。

全画分为五个情节：听乐、击鼓观舞、休息、清吹、曲终人散。每两个情节之间都是巧妙地用家具隔开，而家具两边却又有人隔屏轻语，给人感觉画面是各成一体又相互关联，实在是巧妙之极，颇见匠心。

唐寅此幅摹本在形式上基本沿用了顾本的构架，但在后面家具的布置上以及人物形象的塑造上都有其不同的表现方式。顾本设色沉着，唐本秀润艳丽，世俗性强，主人公韩熙载也似乎不再自始至终郁郁寡欢了。在整个画幅中，唐寅为了突出韩熙载夜宴的豪华奢侈场面而增加了很多家具，也穿插布置了一些花木树石。单是在这一幅画面中就增加了三件：一是绘有山水的通屏，大方简洁；一是左上方简洁造型的深色方桌，桌上杯盏精美，有暖酒器皿，插花的方瓶等等；一是近处的坐屏，厚重的底座给人以稳重之感。这些都是唐寅参照原画的风格而创作设计的。

四　说

骨董有大小，大小骨董，希世之宝玩也。其递代流传，收藏之家，赏鉴之人，皆有记载可考。无名氏得之，即成名家。其授受不轻，不能以势力取之也。凡事必虑前后左右无碍而后行，乃得保全无患。倚势直行，全无顾忌，必有不虞之患①，后悔无及也。昔唐太宗知右军兰亭所在，敕御史萧翼以计赚之②，縻岁月而后得③。以帝王之势，取一孤僧之物，而费如此周折，人所不解也。若以势，一县令执辨才而押之，有余矣。如此取去，不免意外之虞④。既得之，不能无疑也，太宗固虑之审矣。可惜止用于《兰亭》，而不知有大于此者也。既不知有大者则世俗之所谓大，我亦谓之小也。

【注释】

①虞：预料，意料。

②“昔唐太宗”二句：古籍记载东晋大书法家王羲之于穆帝永和九年（353）三月三日同当时名士谢安等41人会于会稽山阴（今浙江绍兴）之兰亭，修祓禊之礼（在水边举行的祛除所谓不祥的祭祀）。当时王羲之用绢纸、鼠须笔作《兰亭序》，计28行，324字，世称《兰亭帖》。王羲之死后，《兰亭序》由其子孙收藏，后传至其七世孙僧智永，智永圆寂后，又传与弟子辨才和尚，辨才得序后在梁上凿暗槛藏之。唐贞观年间，太宗喜欢书法，酷爱王羲之的字，唯得不到《兰亭序》而遗憾，后听说辨才和尚藏有《兰亭序》，便召见辨才，可是辨才却说见过此序，但不知下落。太宗苦思冥想，不知如何才能得到，一天尚书右仆射房玄龄奏荐监察御史萧翼，此人有才有谋，由他出面定能取回《兰亭序》。太宗立即召见萧翼，萧翼建议自己装扮成普通人，带上王羲之杂贴几幅，慢慢接近辨才，可望成功。太宗同意后便照此计划行事，骗得辨才好感和信任后，在谈论王羲之书法的过程中，

辨才拿出了《兰亭序》，萧翼故意说此字不一定是真货，辨才不再将《兰亭序》藏在梁上，随便放在几上。一天趁辨才离家后，萧翼借故到辨才家取得《兰亭序》，后萧翼以御史身份召见辨才，辨才恍然大悟，知道受骗但已恨晚。萧翼得《兰亭序》后回到长安，太宗予以重赏。王右军，即王羲之。

③縻：牵制，束缚。《孙子兵法·谋攻》："不知军之不可以进而谓之进，不知军之不可以退而谓之退，是谓縻军。"

④虞：忧患。杜甫《北征》诗："维时遭艰虞。"

【译文】

骨董有大有小，大小骨董，都是世上稀有的珍玩。其世代流传，收藏的人，赏鉴的人，都有记载可以考证。无名氏得到它，就成了名家。世代流传不是轻易随便进行的，不能凭借权势来取得。凡事一定要考虑周全才可以实行，方可以保证骨董安全，没有祸患。如果依靠权

人形铜灯

我国古代青铜器中有灯具一类，往往造型奇特，工艺考究，式样繁多。常见的有人形、羊形、鸟形、兽形、树形等。这件藏于中国国家博物馆的战国人形铜灯，塑造了一位束衣而立的男子形象，双臂左右张开，两手执物，所执之物中间弯曲有节，节中互生圆叶，上有圆盘灯台，圆盘灯台下有子母榫口与灯柄插合。另附有长柄铜勺，应为加油时所用。人物双腿微曲，脚下为圆形盘曲的蟠龙，面部表情愉悦，头部上仰，似在观望，其神情举止犹如宫廷中正在为皇室贵族表演杂耍的艺人。

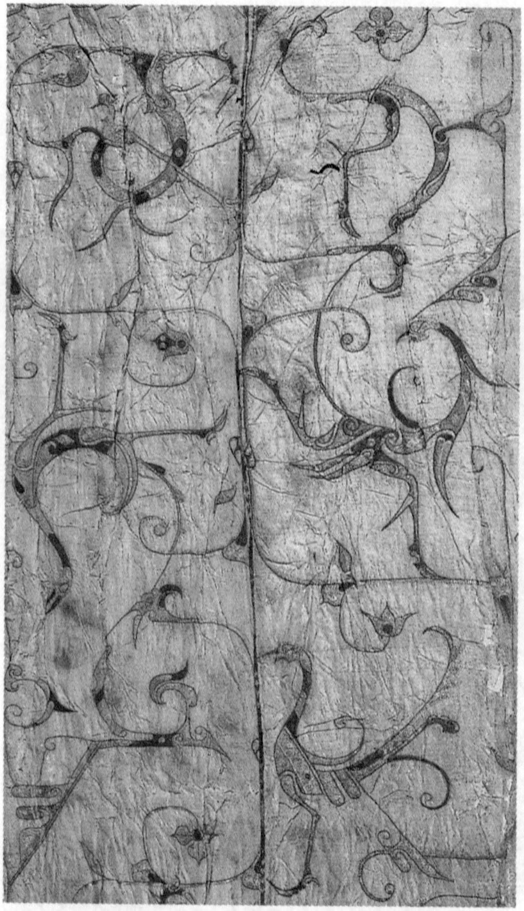

对龙对凤文绣浅黄绢面衾（局部）

长220厘米，宽207厘米，湖北江陵马山1号墓出土。

面衾由八对形态各异的龙和凤组成，体现了楚文化的浪漫主义色彩。

势一意孤行，全无顾忌，肯定会有意想不到的祸患，后悔都来不及。以前，唐太宗知道王右军《兰亭序》所藏的地方，敕令御史萧翼用计获取，花了好长时间才得到。以帝王的权势，去取一个僧人的东西，费如此周折，人们都疑惑不解。如果凭借权势，区区一位县令的职权就可以把辨才押起来，绰绰有余。而这样获取《兰亭序》，不免有意外的担心。即使得到了，对其真伪也不能没有疑心，太宗皇帝肯定是考虑再三。可惜太宗皇帝只知道在《兰亭序》上用计，却不知道还有比这更大的骨董。既然不知道有比这更大的骨董，那么世俗人所说的大骨董，我也只能说是小骨董了。

【点评】

骨董与收藏是紧密联系在一起的，一件骨董可能历经千年，转易他手，流传有序，从某种程度上说，一件骨董集中了自身的"物"的价值和后人"玩"的价值。一件骨董的获得，可用授受不轻来形容。唐太宗用萧翼计赚兰亭一例说明骨董不能以势力取之。骨董有大小之分，都是稀世珍宝。董其昌认为骨董《兰亭序》虽是有名，仍不足以称之为大骨董。

现代美术史上徐悲鸿失而复得《八十七神仙图》的故事令人荡气回肠，真可用授受不轻来形容。徐悲鸿从德籍夫人手上收藏的唐画《八十七神仙图》是一幅白描人物手卷，明快又有生命力的线条描绘了八十七位列队行进的神仙。那优美的造型，生动的体态，将天王、神将那种“虬须云鬓，数尺飞动，毛根出肉，力健有余”的气派表现得淋漓尽致，那冉冉欲动的白云、飘飘欲飞的仙子，使整幅作品具有“天衣飞扬，满壁风动”的艺术感染力。全幅作品没有着任何颜色，却有着强烈的渲染效果。画面没有任何款识，但徐悲鸿一眼就看出这是一幅出自唐代名家之手的艺术绝品，它代表了我国唐代人物画白描技法的杰出成就。徐悲鸿将其定名为《八十七神仙图》，并亲手将一方刻有“悲鸿生命”四字的印章，小心地打印在画面上。从此，这被徐悲鸿视为生命的《八十七神仙图》就日夜不离

夏桀骑人辇车图

汉画砖。

描绘了夏桀骑在人身上，以人为车代步的情景。

地跟随着他。

1942年5月，徐悲鸿到昆明，举办劳军画展。正当徐悲鸿沉浸在画展成功的兴奋之中时，一个致命的打击向他袭来。5月10日，空袭警报响起，匆忙间他同大家一起跑进了防空洞。当警报解除，回到住地时，忽然发现门和箱子都被撬开，自己珍藏的《八十七神仙图》和其他三十余幅画竟不翼而飞。1944年夏，一封喜信从成都飞到重庆，写信人是中央大学艺术系女学生卢荫寰，她告诉老师，一个偶然的机会，使她看到了《八十七神仙图》，因为她曾临摹过《八十七神仙图》的照片，确认是原作无疑。徐悲鸿决定立即前往成都。当一切准备好后，他又取消了这个决定。因考虑到，如果亲自去成都，风声传出，藏宝人因惧祸，可能会将画毁掉以销赃灭迹。怎么办？难道眼看着失而复得的国宝又将永远失去？为了国宝的安全，徐悲鸿和夫人廖静文考虑再三，决定委托在新加坡办展览时认识的一位朋友刘德铭去成都，请他先找到藏画者，见到画，确认为真品后，与之交朋友，进而再花钱把画买回来。很快消息传来，画已见到，确是原画，只是需要一大笔钱。于是徐悲鸿不顾自己病体，又忙于日夜作画和

牛形铜饰

长5.3厘米，宽3.8厘米，1956年内蒙古出土。

东汉时期匈奴族分裂为南北两个部分，此铜饰是入居中原的南匈奴遗物。受汉族发达手工业的影响，南匈奴人的金属冶炼与铸造技术也是发展迅速，日常生活里常见的动物形象都被巧妙地设计成各种小巧精致的装饰品。这一头俯卧的牛动态自然，造型简洁大方，称得上是一件精美的工艺品。

筹款了。先寄去**20**万现款，又一次次寄去自己的作品数十幅后，《八十七神仙图》终于“完璧归赵”，又回到了徐悲鸿手中。

徐悲鸿夫妇兴奋地用颤抖的双手小心地打开画卷，“八十七位神仙”安然无恙地出现在他们的眼前。这“八十七位神仙”依然是那样安详、肃穆，体态优美，仿佛没有受过任何的惊扰。只是画面上盖有“悲鸿生命”的印章已被挖去，题跋也被割掉。尽管如此，徐悲鸿依然激动不已，当即挥毫赋诗：“得见神仙一面难，况与伴侣尽情看。人生总是葑菲味，换到金丹凡骨安。”

宋苏汉臣《妆靓仕女图》

绢本设色，纵25.2厘米，横26.7厘米，美国波士顿艺术博物馆藏。

苏汉臣（1094—1172），宣和年间画院待诏，两宋之际著名的宫廷画家。擅长于仕女、儿童的描绘，亦画道释人物。其代表作品有《货郎图》、《秋庭婴戏图》、《杂技戏孩图》等。此画绘有一女子对镜梳妆，几枝疏淡的梅花从玲珑精致的湖石后伸展而来，与几案上的水仙花互为映衬，令人如闻沁人心脾的幽寒冷香。这似乎也符合了镜中人娴静而忧伤的面容神情。素衣的仕女和丫鬟在如此旷冷的庭院里静静梳妆，此情此境，情景交融互渗出了这一幅令观者不忍释手的《妆靓仕女图》。

宽大的案桌上设有明亮的铜镜、鲜艳的托盘和素净的水仙花瓶，以及简洁的三层套盒，都古意盎然。整幅画作线条清爽、劲健流畅，色彩沉着而不浮艳，无论构图设色还是敷染之法都有鲜明的宋朝风貌。

五　说

人之好骨董，好其可悦我目，适我流行之意也。充目之所好，意之所到，不先于骨董也，至骨董而好止矣。夫人有耳目口鼻心知之性，必有声色臭味之好①。得所好而乐，失所好而哀。故耳好声，必欲得天下之新声；目好色，必欲得天下之艳色；口鼻之于臭味亦然。故人情到富贵之地，必求珠玉锦绣，粉白黛绿、丝管羽毛、娇歌艳舞、嘉馐珍馔、异香奇臭②。焚膏继晷③，穷日夜之精神，耽乐无节④，不复有他好。然而天命流行⑤，未有不厌足而生倦者⑥。故浓艳之极，必趋平淡，热闹当场，忽思清虚。因好骨董，乃好声色之余也。能从顶上翻身，求我心知之好，则知有无声无臭之物，即为万声万臭之大本者。立本以统末，然后天下之声色臭味，有赖以存，可永我乐。若但纵目前之欲，随波逐浪，不知返本，一朝失丧，其哀有不可胜言者，皆非安身立命之地也。得我安身立命之地，则骨董奠安矣⑦。

【注释】

①臭（xiù）：气味。《荀子·王霸》：“口欲綦味，鼻欲綦臭。”

②丝：八音（金、石、丝、竹、土、革、木、匏）之一，指弦乐器。《史记·乐书》：“丝声哀。”《周礼·春官·大师》：“皆播之以八音：金石土革丝木匏竹。”馐（xiū）：精美的食物。《沁园春》：“助当年太液，调鼎和馐。”馔（zhuàn）：食物，多指美食。《南史·虞悰传》：“盛馔享宾。”

③膏：油脂，脂肪。《诗经·桧风·羔裘》：“羔裘如膏，日出有曜。”《三国志·吴书·周瑜传》：“实以薪草，膏油灌其中。”晷（guǐ）：日影。张衡《西京赋》：“白日未及移其晷。”焚膏继晷指通宵达旦。

④耽：沉溺，爱好而沉浸其中。《韩非子·十述》："耽于女乐，不顾国政，则亡国之祸也。"

⑤天命：唯心主义者认为由上天安排的生死祸福等。《论语·颜渊》："死生有命，富贵在天。"

⑥厌：满足。

⑦奠：放置。《礼记·内则》："奠之而后取之。"

彩绘雁鱼铜灯

西汉。通高52.6厘米，长34.6厘米，宽17.8厘米，1985年出土于山西朔县，现藏于中国国家博物馆。

这件彩绘雁鱼铜灯造型优美，装饰华丽，极富艺术性。整体塑造了一只伫立回首的鸿雁，两眼圆睁，脖颈修长，体态宽肥，羽翼丰满，短尾上翘，双足并立，掌有厚蹼。雁鸟额头施以红彩，雁嘴衔一鱼，雁鸟和鱼用色线勾描翎毛和鳞纹。身上也遍施翠彩，整体表现的是鱼被雁捉住的生动瞬间。鸿雁在古代为士大夫间相赠的礼物，也被用作聘礼，鱼则象征年年有余，生活富足，所以以雁鱼为题材塑造铜灯，有其追求美好富足的生活祈愿。

在功能方面，彩绘雁鱼铜灯以灯盘、灯罩、雁首颈和鱼以及雁体组成了铜灯的四个主要部分，灯罩由两片弧形屏板构成，内中点灯，屏板可以左右转动开合，以此来挡风和调节亮度和光源方向。照明时燃烧的烟雾由鱼形灯罩导入雁颈造型的烟管，再进入雁腹，雁腹中盛水，用以净化油烟。整体设计十分精到，又寓于巧思与艺术造型之中，堪称汉代匠人高度智慧和高超技艺的集中体现。

铜灯

西汉。通高33厘米，足高7.3厘米。

灯体呈扁圆球形，三蹄足，两个对称圆管烟囱由肩部向上竖立，并会合为一，向下与灯盖相通。灯盘有两重壁，内壁较高，外壁较低，两壁形成凹槽，用以插置灯罩的两片屏板。两屏板外侧各有一小环纽，上有一小环。外壁平伸一叶形长鋬，灯盖呈覆碗状，置于灯罩上。灯油燃烧产生的油烟可通过烟道到达器腹中，从而保持室内的清洁。

【译文】

人们爱好骨董，是喜好它可以养眼，可以满足自己追求时髦的意向。但是悦目的，一心想追求的，不是以骨董为开始的，只是到骨董这里中止罢了。人有耳、目、口、鼻和心的性能，就必定对声音、颜色、气味、味道有喜好。满足喜好就很开心，不能满足喜好就会感觉难过。因此耳朵喜好声响，一定想听到天下的新声；眼睛喜好色彩，一定想得到天下的艳色；口鼻对于气味、味道的感觉也是这样。因此人一旦到了富贵的境地，一定会追求珠宝玉器，锦绣绸缎，粉白黛绿的女郎，各种丝管乐器，各类羽毛舞饰，美妙娇艳的歌舞，珍奇的馔馐，还有奇异的香料，通宵达旦，不分昼夜，沉迷于享乐，而没有节制，不再知道还有其他的爱好。然而天命变幻无常，没有不满足就会产生厌倦的。因此绚烂之极，归于平淡；热闹之中，忽然想到清虚。爱好骨董，是声色之余的爱好罢了。如果能从享乐中回归，探求自己心里真正的爱好，就会知道无声无味的物，就是有声有味的根本。以根本统领细枝末节，天下声音、颜色、味道才可以有生存的地方，才可以让自己永远安乐。如果放纵目前的欲望，随波逐流，不知迷途知返，那么一旦丧失快乐，真是难以名状的哀痛，这都不是安身立命所在。如果使我得到安身立命之地，骨董就可以放在一边了。

【点评】

爱好古董是明人流行的时尚，能满足明人殷实生活基础上的精神需求。时尚流行的结果，形成了一种新的世道。在这种世道中，读书的人攀比鲜衣美食，浮谈怪说；妇女开始傅粉簪花，冶容学态，袖手游乐；官员更是繁文缛节，逐流世态。周高起在《阳羡茗壶系》中谈

长信宫灯

通高48厘米，重15.85公斤，1968年出土于河北满城中山靖王刘胜之妻窦绾墓。

此宫灯因曾放置长信宫，灯上刻有“长信”字样，故名长信宫灯。宫灯为一手执灯跽坐、神态恬静优雅的宫女。灯体设计十分巧妙：由头部、身躯、右臂、灯座、灯盘和灯罩六部分组成，各部分都可以拆卸。宫女身着长袍，通体采用鎏金的工艺处理，一手举灯，右臂高举与灯顶相通，形成烟道，以吸收油烟防止空气污染。整个宫灯舒展自如、轻巧华丽，实用之外，更突出了灯体的审美价值。

到壶就茶具来说，用处是专一的；而上好的茶叶加上有名的泉水，要寄托饮茶者内心的真性情，就要依靠茶壶，茶壶即为茶与水的洞天福地，佛祖的香海莲邦了。最近一百年来，茶壶不用银锡器，也不用福建河南的瓷器，而崇尚宜兴的紫砂陶，用宜兴本地山上的陶土制成的紫砂壶，能够发挥真茶的色香味。不但杜甫诗句中“倾金注玉惊人眼”，高雅的壶一定是不落俗套的。名家所作的壶重不过数两，价值却是达一二十两银，陶土能与黄金价格不相上下。世风日益趋向浮华，真是深有感触。

鎏金四人舞俑铜扣饰

西汉。长15厘米，高17.5厘米，云南晋宁石寨山出土。

此扣饰为铜质鎏金，造型细巧华美，生动刻画了四位舞者扭动身躯、尽情歌舞的情景。舞俑均头戴树形高冠，左手持铃，右手置于胸前，张开嘴唇，似乎在吟唱歌谣。西南地区各民族的劳动人民善于用歌舞表达情感，无论婚丧嫁娶，还是祭祀祖先神灵，都会诉诸歌舞。他们相信大自然有着主宰人类命运的能力，通过某些特殊的形式可以愉悦神灵，与其沟通，表达愿望，或者获得预示的信息，从而能够避免灾害，祛除灾难。

张岱在《陶庵梦忆》中自作墓志铭回忆自己的生活："蜀人张岱，陶庵其号也。少为纨绔子弟，极爱繁华，好精舍，好美婢，好娈童，好鲜衣，好美食，好骏马，好花灯，好烟火，好梨园，好鼓吹，好古董，好花鸟，兼以茶淫橘虐，书蠹诗魔，劳碌半生，皆成梦幻。"其中一例，"天启壬戌间好斗鸡，设斗鸡社于龙山下，仿王勃《斗鸡檄》，檄同社。仲叔秦一生日携古董、书画、文锦、川扇等物与余博，余鸡屡胜之。……一日，余阅稗史，有言唐玄宗以酉年酉月生，好斗鸡而亡其国。余亦酉年酉月生，遂止。"张岱从唐玄宗因沉于爱好亡国的教训中，悟出一朝失丧，那种痛苦不可言状。

清萧晨《东坡博古图》

扇面，纸本设色，纵18厘米，横51.6厘米，北京故宫博物院藏。

萧晨，字灵曦，号中素，生于1658年，是清代早期著名的文人画家。诗书画兼长，绘画师法古人，远追唐宋，尤喜画山水雪景，功力纯厚。其绘事主要活动于康熙年间。

《东坡博古图》所绘乃北宋文人苏轼的日常活动。画面左边题有："东坡博古图，前人有其本，考之书史，未见其说，岂好事者为之耶？是扇成于辛亥，时余年已称古稀有四矣，强弩之末犹有可观，然弄粉涂朱亦可愧也。兰陵萧晨并识。"

作为"唐宋八大家"之一的大文豪，官至龙图阁大学士苏轼在诗词歌赋书画方面的造诣都是很杰出的。这一幅画就是以苏轼的博学及善于鉴赏作为创作题材。画面敷染古雅静气，用笔沉稳劲健，线条有力而又转折自如。所绘四个人物布于书案前后，两人一组神情举止似有互动。身形略大的苏轼居中坐于深色圈椅之中，手持展开的画卷回首向捧画的童子交待着什么，案前两位雅士各自坐于扶手椅及圆凳之上，也在交流中。其中一人手上把玩的茶具以及宽大的桌案之上几件青铜器看上去都很古雅精美。画面营造的意境清新雅致，气氛安静和谐。

六　说

骨董之可贵，为其长寿也。其所以得长寿者，由古之良工，尽心力于斯，务极精工，不使有毫发欠缺。踌躇满志[①]，善而后存之。稍有不慊[②]，即毁之不留，莫在于世。故能使见之者亦莫不爱重宝惜，递代相传。不言而喻[③]，不约而同，一出展玩，惊犹鬼神，无不改容静对，其敢轻毁之乎？于以见人之心力，用之治一物，即善一物。苟用以治身心[④]，未有不造至善之地，兼善庶物，与天地并，悠久不变，后世敬恭不忘者也。自古成德之士，平生服用之物，子孙奉为宗器[⑤]。有常主而无失坠，则无物非骨董，何骨董非宗器，其为寿岂不大哉？

四联陶罐

长17.5厘米，高10.1厘米，1957年广州华侨新村出土。

西汉前期广东部分地区流行各种组合连接陶瓷器皿，一般用来盛放各色果脯蜜饯或者调味料。造形奇特，实用性强，属于典型的地域特色物品。此四联陶罐素朴大方，造型敦厚可爱，罐盖上塑有小钮，便于抓取，罐盖和罐身上以压印点戳的形式作出精细的阴线花纹，体现了素朴的追求中又有别出心裁的设计。

【注释】

①踌躇满志：从容自得的样子。《庄子·养生主》：“提刀而立，为之四顾，为之踌躇满志。”

②慊（qiè）：满足，快意。《战国策·齐策》：“苟可慊齐貌辩者，吾无辞为之。”《史记·乐毅列传》：“先王以为慊于志，故裂地而封之。”

③喻：知道，了解，明白。《孟子·告子下》：“征于色，发于声，而后喻。”

④苟：连词，如果，假设。《史记正义》：“苟可以利民，不循其礼。”《礼记·大学》：“苟日新，日日新，又日新。”

⑤宗：宗庙，祖庙。《左传·成公三年》：“首其请于寡君而以戮于宗。”

汉画像砖上的车形象

《汉书》中曾有记载，人是否有车可乘以及所乘坐的马车形制的差异、拉车的牲畜数量多少等等，这些在古代都是区分人的阶级地位的标志，是礼的表征。汉代的车形非常丰富，有四匹马拉的驷马高车及驷马安车，也有小巧快捷的轺车和本图所显示的辎车。这种轻便的小型车从造型上显示了其简洁实用的特色。

【译文】

骨董的可贵，是因为它的古老。它之所以被长久保存是因为古时的能工巧匠尽心尽力，力求精工细致，不让它有丝毫的瑕疵。工匠们从容自得，认为尽善尽美了，做好后保存下来。稍有不满意的，就毁弃不留，不让次品留存于世。因此人们看到珍品骨董都会珍重爱惜它，世代相传下去。不言而喻，不约而同，一旦展出的话，观者惊讶，疑为鬼斧神工，没有不变色静对的，哪里敢轻易毁掉它呢？由此可以看到古人的心力，用心打造一物，就会把它做好。如果用来调理身心，肯定会达到至善的境界，兼善万物，与天地一起，亘古不变，让后世子孙恭敬而不会忘却。自古道德修养高尚之人，平生用过的物品，被子孙们奉为宗器。有归属而不会遗失，这样的物品，哪个不是骨董呢，这样的骨董哪个不是宗器呢，它的寿命难道不会长久吗？

【点评】

从骨董长久流传的价值，可以看出古人治物，如同治心，达到尽善尽美的境界。推而广之，古往今来，贤德的人士，生平用的东西，子孙奉为宗庙用的器物，这些器物都是骨董，它们可贵而长寿。

宋刘松年《宋人博古图》

绢本设色，纵128.3厘米，横56.6厘米，台北“故宫博物院”藏。

刘松年（约1155—1218），南宋宫廷画家，“南宋四家（刘松年、李唐、马远、夏圭）”之一。画风受李唐影响并继承董、巨二家，清新雅致，妍丽而无烟火世俗之气。长于茂林修竹园林胜景的描绘，人称其为“小景山水”。

《宋人博古图》是一幅典型的小景人物场景，茂林之下，一组文人雅士在鉴赏把玩桌上古器。所绘人物神情生动细腻，精妙入微，主体的几位士大夫仕女都在细细端详揣摩案上的古董器物，真正是心无旁骛。只见桌上摆满了各式各样的古董器物，凤首壶、三足爵、蒜头瓶等造型或端庄大方，或轻巧精致。还有两位仕女在品评一件装饰有繁复花纹的器物，远处的侍女正在烹茶，有趣的是就连那一个烧水的茶炉亦有精巧的翘足。人物的衣褶所用线条清劲有力，顿挫转折自如。画面浓重的笔墨和繁复的线条表现茂盛的松树，细腻轻松的笔触与色彩用来表现画幅的主体人物部分。浓重与简明的配合，形成了一幅场景丰富、清净脱俗的闲逸画面。

七 说

骨董有逸品，或流传于荒陬僻壤[①]，或偶出于废址古墟，不通都邑风气[②]，不接时髦耳目，如幽人逋客[③]，碎兀土室茅茨之下[④]，与樵夫牧竖相处，沙盆瓦缶共蓄。忽遇好事者过而目之，顿成绝世奇珍。富贵家向所夸示为至宝者，俱下之而不敢争。一朝声价赫然[⑤]，王公大人皆欲倾倒致之。因而遂有夸燕石为天下珍者[⑥]，有视天下珍为燕石者，具眼不世出，良可叹也！执古证今，岂独骨董为然哉？

【注释】

①陬(zōu)：角，角落。《史记·绛侯周勃世家》："吴奔壁东南陬。"

②邑：国都。《诗经·商颂·殷武》："商邑翼翼。"《左传·隐公十一年》："吾先君新邑于此。"

陶船

东汉。高16厘米，长54厘米。

③逋(bū)：逃亡，逃跑。晁错《贤良文学对策》："内外咸怨，离散逋逃。"

④茨(cí)：用芦苇、茅草盖屋。《庄子·让王》："环堵之室，茨以生草。"

⑤赫然：声威盛大的样子。《三国志·吴书·吕蒙传》："陈列赫然，兵人练习。"

⑥夸燕石为天下珍者：《太平御览·阚子》中，有位宋国的愚人，在梧台之东挖得燕石，归而藏之，以为大宝。有周客听说了去看。宋人身着玄服，打开一重华丽的粹子，又展开十袭缇巾，才拿出宝来。周客见了，失笑道："这是燕石，与瓦片无异。"后李白《古风》有诗云："宋国梧台东，野人得燕石；夸作天下珍，却哂赵王璧。"

【译文】

骨董中有某些出类拔萃的品类，有的是流失于荒郊僻壤，有的偶然出土于废址古墟，没有都城的风气，没有时髦的声色，如同隐居避世之士，湮灭在破碎山石与土建的茅草屋中，与樵夫牧者相处，与沙盆瓦缶共藏。忽然有好事的人经过看到它，经过炒作，立刻就成了旷世奇珍。富贵人家夸耀至宝的骨董都落于下风，不敢与之一争高低。一旦声价显赫，王公大

献食陶俑

东汉。分别高38.5厘米，38.3厘米，1957年重庆出土。

秦汉时期厚葬成风，时人相信去世之后会到另一个世界正常生活，所以墓葬的规模形制都比较讲究。日常生活场景时常被雕刻在画像石之上，更多的是直接塑造不同职业身份的陶俑随葬，以期达到在另一世界生活无忧的目的。这对献食及庖厨陶俑看上去像是夫妻二人，虽然没有五官细节刻画，但却有愉悦的神情，默契的配合。较典型地体现了汉代手工艺品朴拙生动的特点。

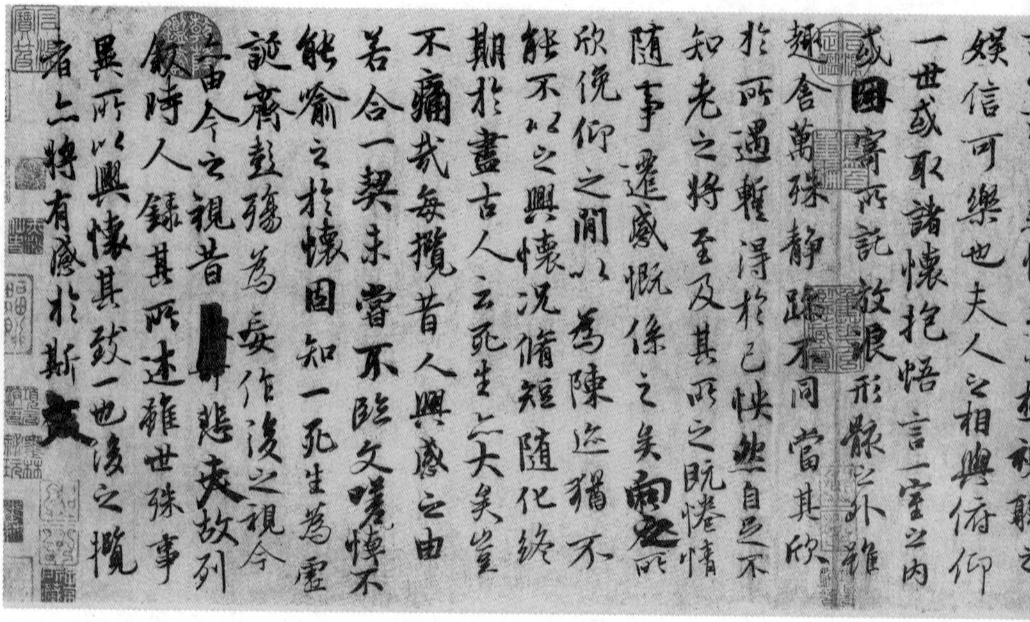

东晋王羲之《兰亭集序》

中国书法发展到魏晋时代，进入了第一次高峰，这一时期的代表人物就是书圣王羲之。其千古名作《兰亭序》堪称书法史上彪炳千秋的经典，但真迹已被唐太宗李世民殉葬昭陵，今人所见皆为摹本。关于《兰亭序》，有记载说：“贞观十年（636），乃拓十本以赐近臣。帝崩，中书令褚遂良奏：‘《兰亭》先帝所重，不可留。’遂秘于昭陵。”说的是唐太宗得到《兰亭序》帖后，命弘文馆拓书人冯承素、诸葛贞、韩道政、赵模等人，双钩廓填临摹若干，分别赏赐于诸王公大臣。初唐大书家欧阳询、褚遂良另外也有临本。现北京故宫博物院藏纸质临本，纵24.5厘米，横69.9厘米。草稿，28行，324字。因为卷上有唐中宗神龙年号（705—707）小印，故称“神龙本”，于传世的唐代摹本中数最精之作。

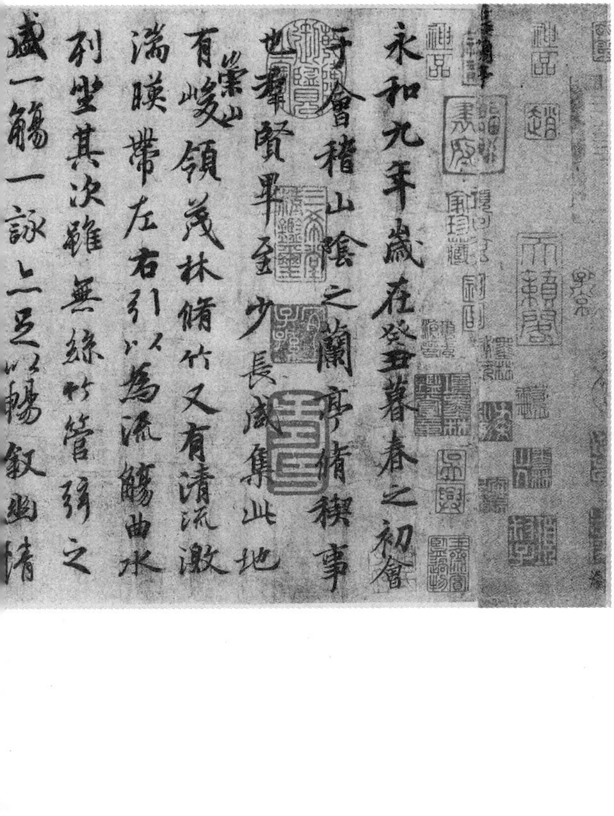
永和九年歲在癸丑暮春之初會
于會稽山陰之蘭亭脩稧事
也群賢畢至少長咸集此地
有崇山峻領茂林脩竹又有清流激
湍暎帶左右引以為流觴曲水
列坐其次雖無絲竹管弦之
盛一觴一詠亦足以暢敘幽情

王羲之像

青瓷神兽尊

西晋。高27.9厘米，腹径23.2厘米。

兽首、兽腹、兽耳，兽与器浑然一体，别具风格，是一件高水平的青瓷作品。

人们都想倾尽财物得到它。因此有了夸耀燕石为天下珍宝的事，有了把天下的珍宝视为燕石的事，都是没有慧眼，真是令人叹息啊！拿古代的事情佐证今天的事情，难道仅仅是骨董这样吗？

【点评】

骨董中有神逸之品，隐没在荒野中，如同一颗小草，无人知晓，又如同一块丑石，其貌不扬。突然有一天被人识得又身价百倍，引起众人争夺。在典故中，有把燕石夸作天下宝物，或是发生把宝物当做燕石的，都是可悲可叹的事情。

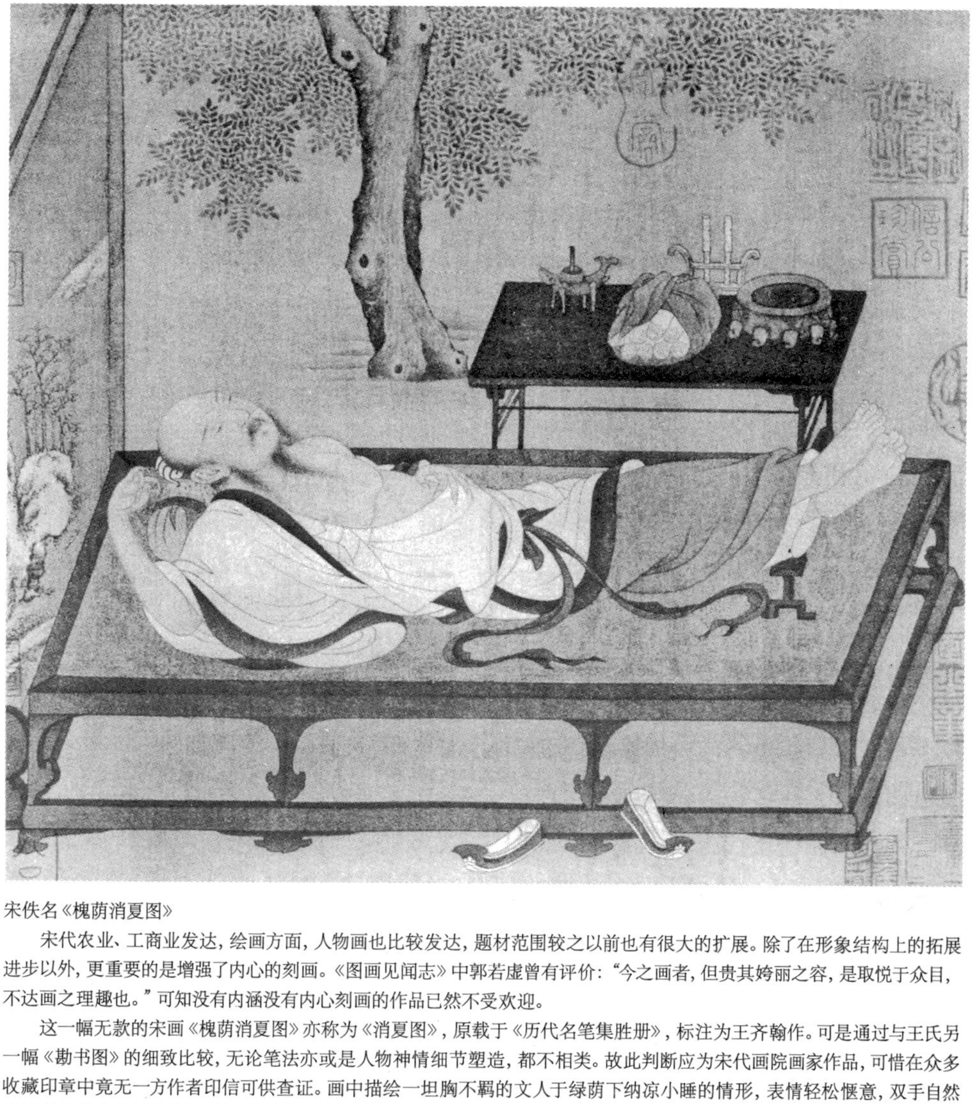

宋佚名《槐荫消夏图》

宋代农业、工商业发达，绘画方面，人物画也比较发达，题材范围较之以前也有很大的扩展。除了在形象结构上的拓展进步以外，更重要的是增强了内心的刻画。《图画见闻志》中郭若虚曾有评价："今之画者，但贵其姱丽之容，是取悦于众目，不达画之理趣也。"可知没有内涵没有内心刻画的作品已然不受欢迎。

这一幅无款的宋画《槐荫消夏图》亦称为《消夏图》，原载于《历代名笔集胜册》，标注为王齐翰作。可是通过与王氏另一幅《勘书图》的细致比较，无论笔法亦或是人物神情细节塑造，都不相类。故此判断应为宋代画院画家作品，可惜在众多收藏印章中竟无一方作者印信可供查证。画中描绘一坦胸不羁的文人于绿荫下纳凉小睡的情形，表情轻松惬意，双手自然而随意的状态也是内心平静的反映。榻边平头案上几卷诗札、一只鱼形四足香炉、多足盆状器皿以及一只烛台，颇有博古意趣。一双随意脱下的布履都是这一位槐荫消夏文人逍遥闲逸的陪衬。

八 说

玩骨董有却病延年之助[①]，骨董非草草可玩也。宜先治幽轩邃室[②]，虽在城市，有山林之致。于风月晴和之际，扫地焚香，烹泉速客[③]，与达人端士[④]，谈艺论道。于花月竹柏闲盘桓久之，饭余晏坐[⑤]，别设净几，铺以丹罽[⑥]，袭以文锦[⑦]，次第出其所藏，列而玩之。若与古人相接，欣赏可以舒郁结之气，可以敛放纵之习。故玩骨董有助于却病延年也。

【注释】

①却：退。《商君书·农战》："敌不敢至，虽至必退。"

②邃（suì）：深远。

③速：迎请，邀请。《荀子·乐论》："主人亲速宾及介，而众宾皆从之。"

④达：得志，显贵。《孟子·尽心上》："穷则独善其身，达则兼善天下。"端：正直。《新书》卷五："于是皆选天下之端士孝悌博闻有道术者以卫翼之，使与太子居处出入。"

⑤晏：平静，安定。刘义庆《世说新语·品藻》："荆门昼掩，闲庭晏然。"

⑥罽（jì）：一种毛织品。《汉书·东方朔传》："木土衣绮绣，狗马被缋罽。"《后汉书·文苑传》："烧罽帐，系阏氏。"

⑦袭：穿。司马相如《上林赋》："袭朝服。"

【译文】

把玩骨董有助于祛病延年，骨董不是简简单单可以品玩的。最好先清理一处幽静深远的轩室，即使在城市里，也要有山林的景致。在风月晴和的时候，扫地焚香，煮茶待客，与文人雅士谈艺论道。在花园月下竹柏树边久久徘徊，饭后闲坐，放置干净的茶几，铺上红色毛毯，上有花纹锦缎，按顺序拿出所收藏的骨董，放在一起赏玩。如果能与古人相接，就可以舒展郁结的闷气，收敛放纵的恶习。因此，把玩骨董有助于消除疾病，延长寿命。

【点评】

把玩骨董有助于祛病延年，这主要由于骨董不是草草的玩物，而是一种心灵的寄托。骨董是一种共同的爱好，可以陶冶情操，愉悦性情，与古人相通，达到精神的交流。东晋永和九年（353）农历三月三日，王羲之同谢安、孙绰等41人在绍兴兰亭修禊（xì，古人春秋两季在

麦积山石窟阿难像

麦积山位于甘肃天水东南约45公里处，是我国秦岭山脉西端小陇山中的一座奇峰。山虽不高，但形状奇特，孤峰崛起，犹如麦垛，故称麦积山。闻名遐迩的麦积山石窟就开凿于此。石窟建自公元384年，历经十多个朝代不断地开凿和重修，终于颇具规模，成为我国著名的石窟之一，也是闻名世界的艺术宝库。麦积山石窟艺术历来以其精美的泥塑艺术而闻名中外。

在甘肃麦积山石窟102号窟正壁右侧，有一尊西魏时期的泥塑，表现的是佛祖的侍者阿难。阿难为佛陀的十大弟子之一，意为“喜庆”，是释迦牟尼最小的堂弟，亦是佛陀的亲信侍者。他平易近人，却面相庄严，生性聪明健康、手脚灵便、博闻强记，在释迦牟尼55岁时被选为常侍弟子。从此阿难与释迦牟尼形影相随长达二十余年，基本参与了释迦牟尼后半生所有的传教活动。又因他善记忆，对于佛陀所说之法多能朗朗记诵，能毫无遗漏地承接佛陀的教法，故誉为“多闻第一”。阿难天生容貌端正，面如满月，眼如青莲花，其身光净如明镜，故虽已出家，却屡遭妇女之诱惑，然阿难志操坚固，终得保全梵行。麦积山石窟的这尊阿难像，人物相貌非常秀气，细眉长眼，鼻高直而且阔大，眼睛微微睁开，面部肌肉丰满光滑，嘴角微翘，泛出会心的微笑，神闲气定，圆满自足，俨然是一个得到佛祖真传的修行者的神情。

在中国佛教寺院或石窟雕塑、壁画中，阿难通常是被塑造为正在合掌礼佛的少年或青年僧人形象，静静地立于释迦的身侧。阿难这样一个必不可少的题材，其实给历代的工匠艺师们提供了一个塑造和表现人物的空间。

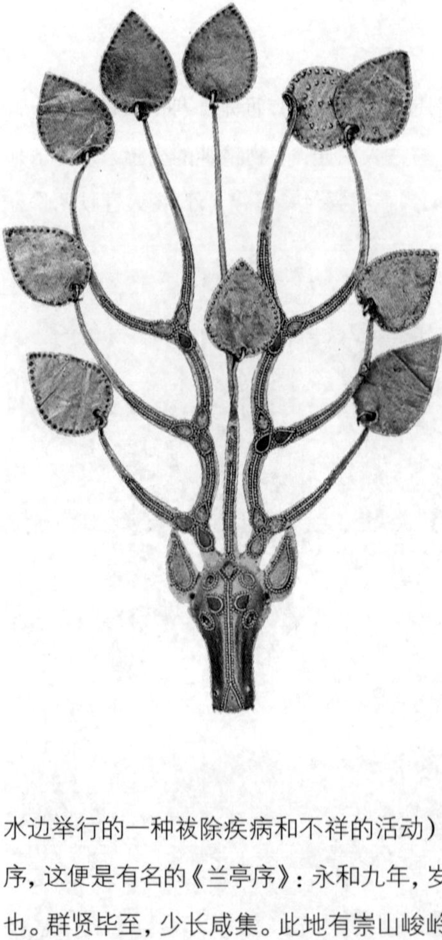

牛头鹿角形金饰件

饰件头部具有牛头和马头的特征，耳朵竖起，头顶处联接着枝状形的华丽鹿角，鹿角的枝梢以圆环穿联桃形叶片点缀其间，十分优美。主体动物头部的双眼、双耳以及鹿角等部位都镶嵌有红、白宝石料，边缘饰以鱼子纹。鲜卑族上层贵族喜戴冠饰，名曰“步摇”，该饰件应当就是用来竖立于贵族头冠之上的，兽形造型象征着辟邪和祥瑞，饰件上的桃形叶片是活动的，贵族行走时，叶片随步履轻轻摇曳，不时发出清脆的击响，衬托出贵族高雅的仪态和姿容。

水边举行的一种祓除疾病和不祥的活动）时，众人饮酒赋诗，汇诗成集，王羲之即兴挥毫作序，这便是有名的《兰亭序》：永和九年，岁在癸丑，暮春之初，会于会稽山阴之兰亭，修禊事也。群贤毕至，少长咸集。此地有崇山峻岭，茂林修竹；又有清流激湍，映带左右，引以为流觞曲水，列坐其次。虽无丝竹管弦之盛，一觞一咏，亦足以畅叙幽情。

东晋时期画家宗炳提出行书作画的“畅神”说，有益心理生理健康。观赏山水，引起无限的情思，目的是让精神愉快。“畅神”说是对山水画审美的升华，是对审美精神状态的概括。魏晋南北朝的文化大师，发现了自然美与人格美。自然美与人格美，成了中国山水美学的

嵌珍珠宝石鎏金蝶头饰

隋。长11.7厘米，宽8.3厘米，陕西西安李静训墓出土。

头饰造型为一繁茂的花丛，花丛上一只蝴蝶嬉戏。头饰上满缀的珍珠宝石透露着华贵的气息。

双胞胎。如果说陶渊明是以田园诗来表达自己对于自然美与人格美在与生存相联系的诗歌领域里的独特发现的话，那么，宗炳就是以山水画来表达自己对于自然美与人格美在超脱于生存的视觉领域中的独特发现。宗炳和陶渊明一样，把自然美与人格美的发现紧密地联系在一起，和谐地汇集于一体。更为重要的是，宗炳《画山水序》中鲜明地提出了“山水以形媚道”，“神本亡端，栖形感类、理入影迹”的美学观点。在他看来，由于自

嵌珍珠宝石项链

隋。周径4.3厘米，重91.25克。陕西西安李静训墓出土。

敦煌壁画《天女散花》

“天女散花”出自佛教典故《维摩诘经·观众生品》：“时维摩诘室有一天女，见诸天人闻所说法，便现其身，即以天华散诸菩萨、大弟子上，华至诸菩萨即皆堕落，至大弟子便著不堕。一切弟子神力去华，不能令去。”说的是如来派众弟子前去问候患病的维摩诘，知维摩诘要与众人讲法，便派天女前去检验众弟子们。天女把天花，也有说是曼陀罗花，散向众菩萨和大弟子身上，那些花落到菩萨身上时便都会堕落，但是落到那些大弟子身上时却不会掉下来，借此试出菩萨和声闻弟子的不同道行。

这幅敦煌壁画《天女散花》色彩古雅华美，天女形象曼妙美丽，姿态自然灵动。生动地再现了佛经中所描绘的天女散花的美好场景，也展示了古人精湛的绘画技艺和生动的表现力。

然美具有不一定是孔子所规范的与社会功利相联系的独立的审美价值，那么，一个人对自然美的追求，就是他个人的才能、风貌、素质、性格以及他的人生意义、人生价值的重要体现。自然美与人生紧密相联的哲理关系，在其千古名著《画山水序》中，第一次得到了真正的注意和重视。“万趣融其神思”，“畅神而已”。在山水之中的精神状态宗炳强调最紧要的是一个“畅”字，一切都是自己灵魂的真实的自由，有助于祛病延年。

宋佚名《夜宴图》（局部）

绢本设色，纵26.2厘米，横160厘米，私人收藏。

此图取材于李世民为秦王时的“十八学士”的故事。李世民罗致四方文士，以房玄龄、杜如晦等为首的十八人分三组，每次六人谈古论今，诗文往来，后人称之为“十八学士”。此《夜宴图》绘制的是十八学士在园中秉烛夜宴后的醉态。十八学士加上一众侍从僮仆，整个图景是混乱不堪的。恰恰是这样的醉态被画家一一生动再现。花园中红烛高照，具有唐宋简约大方风格的桌案上杯盏精美。学士们所坐的凳子也是各有特点，长的、方的、圆的，黑的、灰的、红的，简直就是各式桌椅的小型比对展览。学士们分三桌饮酒斗诗文，不胜酒力的、状态正酣的，都是那样生动。单就艺术形象的观察与表现而言，是比较成功的。相比较于另一幅宋代佚名画家所绘制的《十八学士图》而言，这幅画人物塑造和设色相对轻松简洁。

九　说

骨董有金、玉二品为一类[①]；书画墨迹、石印、镌刻三品为一类；窑器、漆器二品为一类；琴剑镜砚四品为一类，四类十一品，一一考验证据，具载册籍，有其籍矣不得。博物穷理之士，天下之人物也，不易遇也。得遇而交之，与之考古验今，灼知古今之多[②]。故由物论不齐，是非蜂起矣。骨董之好，岂轻言乎哉？岂随世习俗可幸而至也哉？好骨董有真好，有随世习俗之好。物到目前，泛然应过，无深远之思，随人指信，有书载可授，考而遂安之，不知图藉讹传，其来已久。不先追其原所自而明辨之，无从见真好也。追图籍之始，始于河出之图[③]。自羲皇直传至今[④]，非第一骨董乎？于此辨清，彻见我物，则物无遁情，而我真好得行矣。于此不辨根本，先伪矣，未有本乱而末治者也。徒呈世俗臆说传会方术伪图以乱之，使第一骨董淹没尘秽中。以今《易经》前列之图，当之而不疑，是皆随世习俗。不知求我真好者也，愿得真好者起而明辨之。

【注释】

①品：类，种。《尚书·禹贡》："厥贡惟金三品。"沈括《梦溪笔谈》卷十一："盐之品至多。"

②灼：显明，显著。《三国志·吴书·吴主传》："事已彰灼，无所复疑。"

③河出之图：相传，伏羲对日月星辰、季节气候、草木兴衰等等，有一番深入的观察。不过，这些观察并未为他理出所以然来。一天，黄河中忽然跑出了"龙马"，龙马身上的图案，与伏羲一直观察万物自然的"意象"心得暗合，于是画出"八卦"，而龙马身上的图案就叫做"河图"。在《山海经》中说"伏羲得河图，夏人因之，曰《连山》"。伏羲八卦源于阴阳概念一分为二，文王八卦源于天文历法，。但它的"根"是"河图"。

④羲皇：指伏羲。伏羲是中华民族敬仰的人文始祖。伏羲、女娲点燃了中华文明薪火，对中华文明进步作出了巨大贡献。伏羲因其在中华文明史的巨大贡献，千百年来被尊称为“三皇之首”、“百王之先”。

【译文】

骨董中，金、玉二种为一类；书画墨迹、篆刻、碑刻三种为一类；窑器、漆器二种为一类；琴、剑、镜、砚四种为一类，四类十一种，一一考验证据，都记载在册。有的典籍记载而又不能得到。博览万物、穷究事理的文士，世上这样的人物真是很难遇到。如果遇到能与之交往，同他们考古察今，就能深知古今往来的掌故。由于对事物的认识不统一，会导致是非纷起。爱好骨董，哪里能轻言说爱好就可以呢？哪里能按照习俗就能侥幸达到呢？爱好骨董有真正的爱好，有追随世俗的爱好。骨董在眼前，简单地看看，没有深入考虑，只是听从别人指点，

鎏金银熏球

熏球是可以随身携带的焚香工具，由上下两个半球体组成，上下球体中间可以开启。下半球体内有两个同心圆环和盛放燃香的香盂，香盂依靠本身重力的作用，始终可以保持水平状态，无论熏球如何转动，焚香都不会倾洒出来。这件唐代银熏香球通体镂空，鎏金，制作精巧，令人叹为观止。

描金石刻武士俑

高40.3厘米，1958年陕西杨思勖墓出土。

这一件唐代石刻武士由整块石料雕琢而成，衣着装扮属于典型的唐代青年武士的行头，神态安然谦恭，气势沉静内敛。再加上描金彩绘，初成之时当是栩栩如生、形神毕肖。除自身披挂整齐之外，还持有另外一套弓箭腰刀，其身份当是较高级别的侍卫和武士。唐朝几百年强盛的武力控制了辽阔的边疆，抵御了外族屡次进犯，维护了国家的安定。从这一件石刻武士俑的神情气度可以感受到唐代的时代精神。

相信有书籍记载佐证就认为是对的，岂不知书籍记载以讹传讹流传已久。如果不探求原来的面目加以判别，就无人得见真正的好骨董。探求书籍的来源，它源于《河图》。《河图》从羲皇传到今天，难道不是第一个骨董吗？在此辨别清楚，透彻地了解骨董，那么骨董就没有隐含不明的意义了，自己就可实现自己真正的爱好了。如果在此不辨清根本，那就先错了，没听说根源上混乱，末节上可以治理的。仅仅卖弄世俗传说的附会、方术、伪图使其混乱，使得第一骨董淹没在尘俗的污秽中。对当今《易经》前面所列的图深信不疑，都是追随世俗。其实，不知道探求自己真正的爱好，希望真正爱好的人能够明确分辨清楚。

【点评】

骨董的分类有：金银玉器为一类；书画、篆刻、碑拓为一类；烧制的陶瓷、漆器为一类；琴、剑、镜、砚台为一类，都要一一考据，看其书上的记载流传。明代顾起元《客座赘语》卷八有“赏鉴”八则：“赏鉴家以古法书名画真迹为第一，石刻次之，三代之鼎彝尊罍又次之，汉玉杯玦之类又次之，宋之玉器又次之，窑址柴、汝、官、哥、定及明之宣窑、成化窑又次之，永乐窑、嘉靖窑又次之。”这些都属于文人书房里常见的雅物。明代李日华曾开过文

三彩天王俑

高61厘米，53.5厘米，1955年陕西西安韩森寨出土。

唐三彩的艺术成就有赖于唐代手工业的兴盛发达，再加上上层社会厚葬风气而刺激形成的市场需求，就更加促进了三彩陶瓷的发展。从形式到内容的逐步深入演变，逐渐成为我国古代工艺美术序列中灿烂的瑰宝。天王俑是唐代丧葬风俗中至关重要的一个镇墓作用的冥器，一般皆是成对随葬，对称摆放以驱恶辟邪。他们脚踩夜叉恶鬼，身材魁伟。扬手叉腰叱咤威武，在直观形式上绝对有震慑侵犯和彰显威势的功用。

人雅物的清单：晋唐墨迹第一，五代唐前宋图画第二，隋唐宋古帖第三，苏黄米蔡手迹第四，元人画第五，鲜于虞赵手迹第六，南宋马夏绘事第七，国朝沈文诸妙绘第八，祝京兆行草书第九，他名公杂札第十，汉秦以前彝鼎丹翠焕发者第十一，古玉珣瓻之属第十二，唐砚第十三，古琴剑卓然名世者第十四，五代宋精版书第十五。老松苍瘦、蒲草细如针杪并得佳盆者第十六，梅竹诸卉清韵者第十七，舶香韵藉者第十八，夷宝异丽者第十九，精茶法酝第二十，山海异味者第二十一，莹白妙瓷秘色陶器不论古今第二十二，外是则白饭绿畬布袍藤杖亦为雅物。对骨董的分类自然牵涉到鉴定问题。骨董是古物，不仅有文物价值，还有商业价值，对骨董真伪鉴定意见不同，导致是是非非的议论。真正爱好骨董，不能道听途说，或是固守书本，不做独立的思考和鉴别。就书本记载来说，书本本身有时也是以讹传讹，所谓尽信书不如无书。

高士宴乐纹嵌螺钿铜镜

直径23.9厘米，1955年河南洛阳出土，中国国家博物馆藏。

唐代的铜质日用器具发展并不突出，这是因为瓷器及漆器的广泛推广应用，但是作为制镜业却是偏爱铜镜的特有的装饰性审美效果。这一件铜镜的背面用螺钿的亮丽之感与色彩镶嵌出了高士宴乐对饮的场面，花开鸟鸣，饮酒谈唱，一幅惬意闲适的古代士大夫生活图景。并且，值得一提的是，这种嵌螺钿的工艺运用在装饰铜镜的背面是盛唐时期的首创。

《博古图》

无款，绢本设色，镜心，宽19厘米，高20厘米。

这是一幅古朴的小品画。两位雅士隔桌相对，近处头戴高冠者手指着案上摆放的古玩器物逐一点评鉴赏，对面的那一位两手扶桌，似是用心听而且在心中自我判断。几件青铜器和典型的宋代开片瓷器的造型都很古朴奇特。两个侍从也是相对而立，抱着开片瓷坛的童子仔细听那位提着水壶的童子在说着什么，画面相对安静。四个人物的神情刻画得比较生动，各自的内心也得到了适度的展现。色彩敷染整体又有变化，但线条的功力稍稍欠缺了些。

十 说

所收藏家，未必有识见；所识见家，未必有资斧[①]。备于一人，此人必骄人自用，不肯虚心访问。有胜已者在前必忌之，使不得行其说，此至宝之所以终隐晦也[②]。

【注释】

①资斧：货财器用。《易·旅》："得其资斧。"茅盾《新疆风土杂忆》："但既至镇西或迪化，往往资斧已罄，不能再贩土产归来。"

②晦：隐藏。《晋书·隐逸传论》："君子之行殊途，显晦之谓也。"杜甫《岳麓山道林二寺行》："昔遭衰世皆晦迹。"

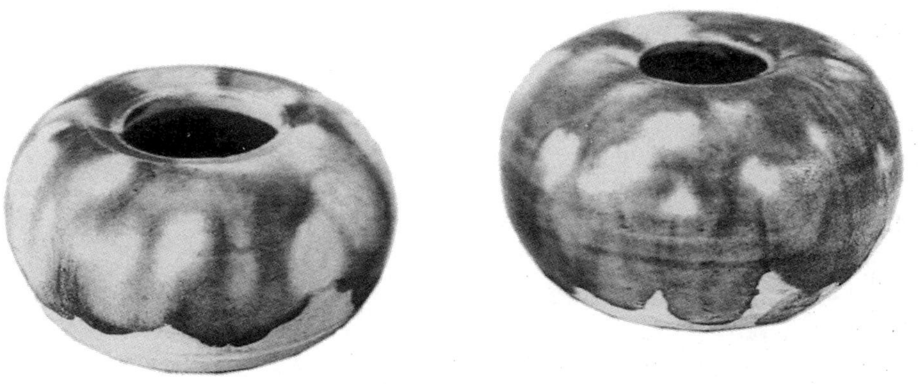

三彩小盂

唐代三彩小盂属于文房的"第五宝"，就是水盂。此物因小巧而雅致，最能体现文人雅士的审美情趣，故在文玩类的工艺品中，属于品位较高的藏品。水盂，又称水丞、砚滴，在古代则直呼为"水注"。其主要作用是为了给砚池添水，最早出现在秦汉。它的形制多种多样，千变万化，但以随形、象形居多，另一些则是圆形的，或扁圆、或立圆。从材质来说，它的用料非常丰富，有陶土、瓷品、铜质、玉石、水晶、玳瑁、绿松、玛瑙、玻璃、漆器、竹木、景泰蓝等五百余种。

鎏金飞鸿银笼子

高17.8厘米，直径16.1厘米，1987年陕西扶风法门寺地宫出土。

唐代金银器工艺顺应生活品质的提高而发展，贪图享受的贵族和文人雅士对日用器具的外在审美性的需求已经远超过其本身的实用性。饮酒品茶已经不是简单的事情，而上升到了包含有文化品位、艺术涵养的与人交往交流的活动。这一件银笼子当是晚唐时期的烘焙茶叶或者盛放茶饼的茶具。精雕细琢，精美异常。十字花科的花朵连缀形成镂空的笼身整体框架，鎏金的飞鸿展翅布于其上，有活泼动感，也井然有序。

【译文】

收藏的人，未必能有识见；有识见的人，未必能有资财。如果二者兼而有之，这人肯定骄傲自用，不肯虚心访问。在比自己水平高的人面前有所顾忌，使自己的看法不好表达，这是骨董至宝隐匿最终不为人知的原因。

【点评】

此说批评了中国传统收藏观念，是导致骨董至宝隐晦不为人知的因素。

有个相反的例子是，1935年7月1日，在北平发生了一件轰动文化学术界的大事。美国人中国通福开森将其毕生收藏的大量中国文物赠予其最早服务的金陵大学，并在故宫文华殿公开展出，一时传为佳话。藏品共千余件，分为七类：铜器、玉器、陶器、瓷器、绘画、墨迹、碑帖。钱桐在《略书福开森博士设立古物馆之意义》中讲到：“盖国人积习，专尚秘密，苟有所收藏，或有所发明，决不肯尽情披露，予人方便，以致其道日晦，识者病之。”早在1929年，金陵大学40周年纪念时，创办者福开森亲莅致词也说：“华人有学问者，恒秘不示人，此于社会国家有何利益，今之学生宜痛改之陋习，必将所欲者，用国文发表之，审求学非为一己求快乐也，安可不公之于众。”更早在1913年，鲁迅在教育部任职期间主管美术馆、博物馆等社会文化事业，曾发表《拟播布美术意见书》一文认为：美术之用，大者既得三事，而本有之目的，又在与人以享乐，则实践此目的之方术，自必在于播布。播布云者，谓不更幽秘，而传诸人间，使与国人耳目接，以发美术之真谛，起国人之美感，更以冀美术家之出世也。

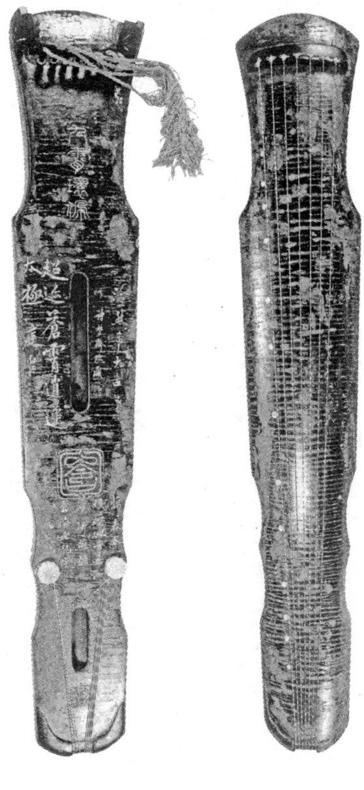

九霄环佩琴

唐代九霄环佩琴以梧桐为面，以杉木作底，通体粿紫漆。琴背上方刻有“九霄环佩”四字篆书，下方刻着“包含”篆文大印一方，右刻“超迹苍霄，逍遥太极。庭坚”行书十字，左刻“冷然希太古，诗梦斋珍藏”行书十字，和“诗梦斋印”一方。在琴足上方刻有“霭霭春风细，琅琅环佩音。垂帘新燕语，沧海虎龙吟。苏轼记”楷书二十三字。凤沼上方刻有“三唐琴榭”椭圆印，下方刻有“楚园藏琴”印一方。腹内左侧刻着楷书款“开元癸丑三年斲”七字。其形制浑厚古朴，从清末以来，一直是被古琴家所仰慕的重器，被视为“鼎鼎唐物”。

明佚名《春庭行乐图》

绢本设色，纵129.1厘米，横65.4厘米，南京博物院藏。

明朝绘画以山水、花鸟为盛，人物画居其次。整体倾向于意趣把玩而不再是连篇绘制的历史故事，至于寺庙道观的壁画及佛道人物造像就更不及前朝各代了。即便如此，仍然有戴进、吴伟、唐寅、仇英、丁云鹏、陈洪绶等名家，或是擅长于细密工整设色精美艳丽的宋代院画风格，或是继承李公麟的白描简约的风格，其中亦不乏可以媲美前朝名作的佳构。

此幅工笔仕女画典型地沿袭了宋代画院风格的精细工整，描绘的是阳光明媚的春日，花木扶疏的深深庭院间一群婀娜娇艳的妃嫔宫女在春花绿柳掩映的楼台水榭，或挑弄学舌的鹦鹉，或观赏信步闲庭的白鹤。凭栏凝望春水的和支颐凝思的是静美，逗弄鹦鹉的那一组人物则是动之美。那个红衣童子应当是此画最有生气的亮点。前景庭中美人坐于精美有高背的圈椅之内，支颐凝思抑或赏鹤。面前汉白玉案桌上列置有铜觚一个，精彩的是里面竟然插有一支红珊瑚和两支孔雀翎毛。还有插有花卉的白色花瓶一只，另外一些则是更为小巧美妙的物件。信步闲庭的白鹤旁，一株奇巧的石栽种在花形石盆中，甚为古雅。

画面构图巧妙，连廊环水、树木杂花疏密有致，人物由远而近逐层递进。整体色调明亮而不俗艳，笔法细腻的刻画极似仇英的风貌。

十一说

今之论古器者，动辄言三代。三代器物，皆金玉为之也。金有黄、白、赤三种，后独以黄为金，白为银，赤为铜矣。三代礼器与俎豆并存者①，黄白为之也。古之为市，以货相易，不用黄白也。一用黄白，倾销古器殆尽，而所存唯铜，以其成与毁，价相若也。其质得气未绝，青绿随生，其臭腥毒，忌近饮食。用制象器与钟鼎盘匜之类②，历久远入水土透骨，青绿莹润如玉，三代器也。

【注释】

①俎（zǔ）豆：祭祀、宴客用的器具。《史记·孔子世家》："常陈俎豆，设礼容。"俎，祭祀时盛牛羊祭品的礼器。

鎏金铜观音造像

五代。此造像中的观音，静坐在山石上，神态宁静安详，造型优美自然。

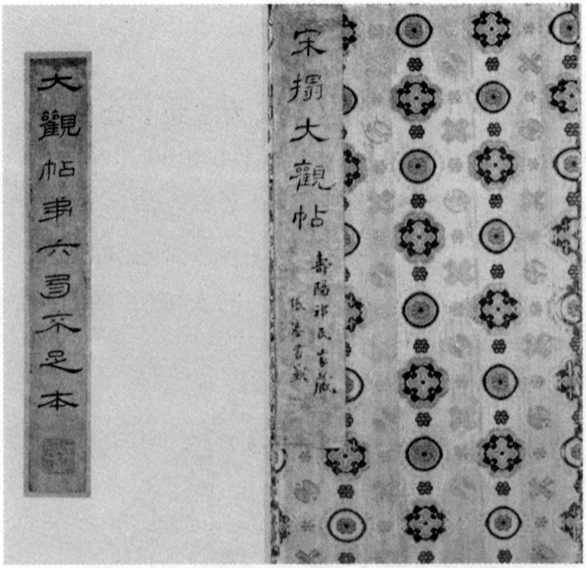

大观帖一

南京大学考古与艺术博物馆藏。

《大观帖》全十卷，为北宋大观三年(1109)宋徽宗因《淳化阁帖》板已断裂，出内府所藏墨迹，命蔡京等稍加厘定，重行摹勒上石。款署“大观三年正月一日奉圣旨摹勒上石”。各帖标题与各卷款识皆蔡京手书。刻工精良，胜于《淳化阁帖》。南京大学考古与艺术博物馆所藏为第六卷残本，现存27帖，973字，均为王羲之墨迹之摹本。曾先后经翁方纲、何绍基、张謇、董其昌等人收藏或鉴赏，是现传世碑帖中的珍品。其他几卷残本现分别藏于北京故宫博物院、中国国家博物馆等地（引自《南京大学学报》2010年第1期）。

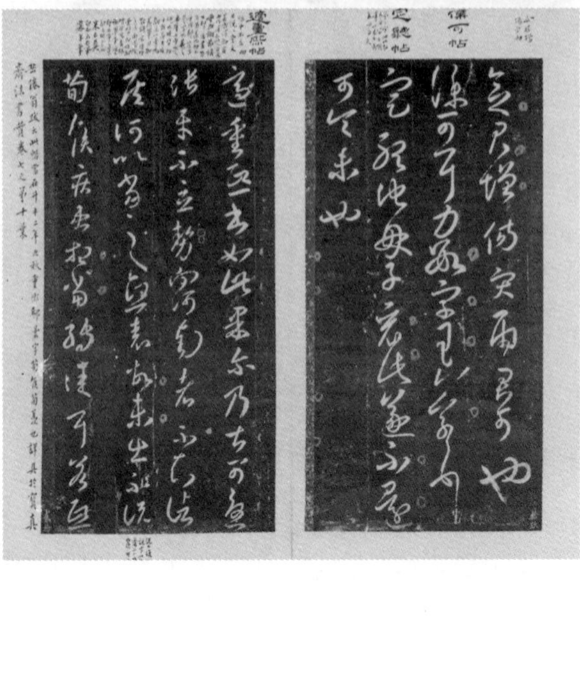

大观帖二

②匜（yí）：古代注水的工具。

【译文】

今天讨论古代器物，一提就会说到夏商周三代。三代的器物，都是金属玉器做成的。金属有黄、白、赤三种，后代则分别为黄的叫金，白的叫银，赤的叫铜。夏商周三代所用的礼器与所用的俎豆并存于世，都是用黄金白银制成的。古代市场是货物相互交换的方法，不用黄金、白银。一旦用黄金、白银来做交换的媒介，就销尽了古代金银所作的礼器，而仅存留铜制

保圣寺影壁罗汉坐像

保圣寺原名保圣教寺，位于江苏吴县甪直镇，建于梁武帝天监二年（503）。唐会昌五年（845）因武宗灭佛而被毁。北宋大中祥符六年（1013）重建。最盛时据说规模宏大、僧众千人，与杭州灵隐寺齐名。元末又衰落，明成化二十三年（1487）重新兴盛。

保圣寺最为闻名的当属寺内的九尊罗汉塑像。寺内原有十八尊罗汉像，是雕塑史上所见较早的一组十八罗汉群像。根据保圣寺罗汉塑像的服饰、姿态、神情、动作或附属物，将罗汉们命名为“降龙罗汉”、“袒腹罗汉”、“讲经罗汉”、“听经罗汉”、“达摩”、“尴尬罗汉”等等，但从清乾隆起就不曾维修过，破败严重。直到1932年才得以全面修缮，惜乎唯余其九。这是高居正中的一躯罗汉像，原型是禅宗初祖菩提达摩面壁修行的姿态。他结跏趺而坐、闭目顿首，双手笼袖置于腿上，多皱的脸上没有任何表情，似乎进入了摒思绝虑、万物无碍于心的禅定境界中，反映了禅僧端坐时，无动无静、无生无灭、无去无来、无是无非的精神状态。

的礼器，是因为制铜与毁铜价格相当。而且礼器用铜制材质上不是很纯净，时间长容易生青绿锈，腥味很重且有毒性，是最忌用作食用的器皿。用铜制造仿生器物以及钟鼎盘匜之类的器物，它们沉埋于水土中，时间一长，水土侵入，青绿锈润泽得像玉一样，所以一看就知道是三代的器物。

【点评】

谈到古器物，动不动就说到夏商周三代，三代器物都是金属玉器，而以铜器存留最多，所谓商彝周鼎。传说中的夏铸九鼎，大概是打开青铜时代的第一页。商周青铜器作为祭祀的“礼器”，多半贡献给祖先或铭记自己武力征伐的胜利。

据郭沫若先生论述，中国青铜时代，下界是在周秦之际。由秦以后便转入铁器时代。凡秦以前的器物都是铜制，不仅是钟鼎盘匜之类，还有戈矛剑戟之类。青铜时代的上限却是很渺茫的。中国究竟是什么时候由石器时代递禅到青铜时代，在今天谁也无法回答。我们在今天所有的知识，只是知道殷代已经是青铜器时代了。……殷、周的青铜器可以分为四个时期，无论花纹、形制、文体、字体，差不多都保持着同一的步骤，鼎盛期、颓败期、中兴期、衰落期。鼎盛期相当于殷代及周室文、武、成、康、昭、穆诸世。在这一时期中的器物最为高古，向来为古董家所重视。器制多凝重结实，绝无轻率的倾向，也无取巧的用意。花纹多全身施饰，否则纯素。花纹种类大率为夔龙、夔凤、饕餮、象纹、雷纹等奇怪图案，未脱原始的风味，颇有近于未开化民族的图腾画。文体字体也均端严而不苟且。

清倪田《钟馗仕女图》

纸本设色，尺寸不详，徐悲鸿纪念馆藏。

倪田，喜绘事，人物鞍马释道仙凡皆能。受海上画派任伯年影响甚大，尤其是在人物画用笔用墨设色上，古拙脱俗，意境静雅不凡。

此画构图与明代陈洪绶的《闲话官事图》极其相似。画中所绘钟馗与其妹各倚石而坐，如人间寻常百姓家兄妹间饮茶休闲，谈话家常。素朴典雅的青瓷尊里秋葵花开得正艳，三足铜香炉之上香气氤氤氲氲。青面小鬼捧上的枇杷新鲜美味。钟馗举着酒杯瞪视妹妹，其妹娇羞低首，笑而不语，不禁令人联想到是不是正在询问婚嫁之事？极具生活气息。塑造人物立体，线条轻松却有张力，设色浑然流畅、不滞不涩。用粗犷有力的线条表现钟馗，用相对细致柔和的线条表现妹妹，符合人物性格特征。

十二说

至书与画，尤当贵重。书以传意，画以传形，用莫大焉，知之者益稀。自魏晋以上无征焉[①]，以其所籍惟纸与绢也。纸寿千年，绢五百年，极其珍藏防护，数尽自毁。摹勒上石，搨久终坏。唐摹晋帖，宋搨已少。因及印章，尚存秦汉篆刻，可与石刻并视，得籍金玉以久。琴为雅乐，通弦徽之音[②]，适准象器[③]。其始与河图并出，后相继作，历数百年或断纹，所藉木与漆不能更久也。有孔子列子二式为准则，唐有雷文、张越二家制得名。宋置官局，制琴有定式，不如式者谓野斲[④]。古琴漆退光尽，色如乌木为奇古，胜于断纹。今世有退光漆者，假其色也。剑为象器之一，亦不可动，动即当伤也。镜以鉴貌，砚以著言，貌为心体，言为心用。离砚心俗无救，离镜则貌秽不知。

龙泉青瓷鬲炉

位于浙江西南部龙泉的龙泉窑为宋代著名的青瓷产地，向来以产量大、质量高而闻名。龙泉窑创建烧造于北宋。早期产品主要有常见的盘、碗、壶等。制作工整并辅以雕花装饰。北宋中期作品釉层很薄、釉面开片，光泽度强，透明度高，其色彩往往为绿中泛黄、黄中泛绿。及至南宋，达到极盛，元代龙泉青瓷的制作工艺与南宋大致相同。随着市场的扩大，产量的剧增，龙泉瓷的质量和色釉都开始下降，在明代中期终于衰败。

金翅鸟

高18.5厘米，重125克，1978年大理崇圣寺主塔出土，云南省博物馆藏。

金翅鸟是佛教天龙八部中的迦楼罗，佛家典籍中称其勇猛异常，以毒龙为食。云南佛寺中常以其形象置于建筑物顶端，具有威慑和庇佑的作用。此金翅鸟双翼舒展，翅尖向上扬起犹如御风飞翔，动感自如，尾翼如孔雀开屏一样绚丽，通体鎏金，几颗水晶石缀饰其上，更显异常精美。

【注释】

①征：证明。《荀子·性恶》："善言天者必有征于人。"

②弦徽：泛指音节。徽，琴徽，系琴弦的绳子。陆机《文赋》："犹弦幺而徽急。"

③象器：法器。象，法。

④斲（zhuó）：通常指把木头砍削成器物。

【译文】

至于书画，就更应当为人所珍重了。书法可以传意，绘画可以传形，它们的功用实在很大，但知道的人很少。书画从魏晋以上就不好考证了，这是因为书画所用材质为纸和绢的缘故。纸的寿命千年左右，绢的寿命五百年左右，即使是极其小心珍藏保护，时间长了气数已

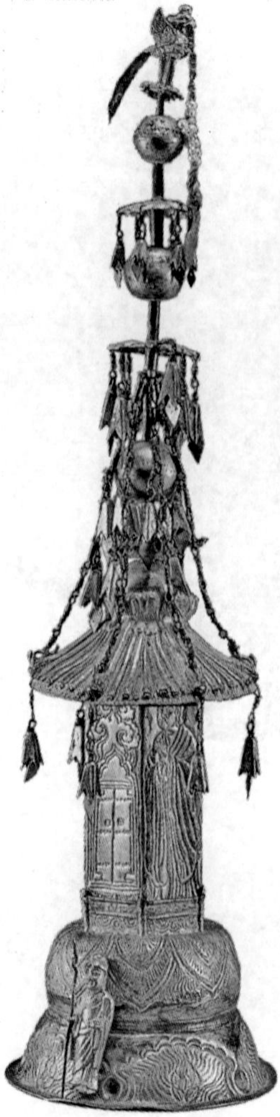

玲珑银塔

银塔呈方形，以银片制成。四面七层，楼阁式，每层四个檐角系有铃铎。其制作精巧，是宋代金银器中的精品。

尽也就自然毁坏。即使书画可以摹勒上石，但石头拓久了最终也会损坏。唐代摹刻晋朝的字帖，宋代的拓印已经很少见了。至于印章，尚存秦汉篆刻，与石刻一样，都是凭着金属玉器才得以流传长久。琴为雅乐，通演各种音节的声音，正好符合法器的标准。琴开始与《河图》并存世上，后来相继制作出来，历经百年，有的已经出现了断纹，这是因为琴是由木和漆制成的，也不能保持长久。琴有孔子、列子两种款式为法式，唐代的雷文、张越两家制琴有名。宋代设置了官局，制琴有规定的样式，不符合款式的称为“野斫”。古琴漆光褪尽，琴面色泽像乌木的最为奇古，胜于上有断纹的。现在世上有褪光漆的琴，是假借古色仿制的。剑是法器之一，寓意不可妄动，妄动就容易伤人。镜子是用来照见相貌的，砚台是用来写作的，相貌是心灵的表现，言为心声。离开砚台，则心灵变得俗气；离开镜子，则外表污秽都不知道。

【点评】

历代饱学有才之士竭尽精力与才智从事书画艺术创作，这些书画作品仅仅依赖纸张、绢帛才能够流传下来。然而纸张、绢帛的寿命和承受力有限，在书画流传过程中，如果经过不珍爱书画的人或者不懂收藏保存书画的外行之手，甚至遭受兵火战乱，腐蚀虫蛀，或被恶人巧取豪夺等种种劫难，最终能够流传下来的名画作品往往不到百分之一。而在这些有幸流传下来的百分之一的作品中，如果装裱者技艺不精，不注意保护随手损坏甚至丢弃，使得流传下来的书画作品越来越少，这是非常令人痛心和惋惜的。书画印章自古是中国文人的雅兴。书为心画，存形莫善于画。中国书画最早见到的唐画、唐书，更早的魏晋属于摹本，主要原因是历时长久，纸张包括绢都不易保存。

“琴者，情也；琴者，禁也。”吹箫抚琴、吟诗作画、登高远游、对酒当歌成为文人士大夫生活的生动写照。春秋时期，孔子酷爱弹琴，无论在杏坛讲学，或是受困于陈蔡，操琴弦歌之声不绝；春秋时期的伯牙和子期《高山》《流水》觅知音的故事，成为广为流传的佳话美谈；魏晋时期的嵇康给予古琴“众器之中，琴德最优”的至高评价，终以在刑场上弹奏《广陵散》作为生命的绝唱；唐代文人刘禹锡则在他的名篇《陋室铭》中为我们勾勒出一幅“可以调素琴、阅金经。无丝竹之乱耳，无案牍之劳形”的淡泊境界。古琴断纹指琴表面上因长年风化和弹奏时的震动所形成的各种断痕。断纹的种类很多，主要有梅花断、牛毛断、蛇腹断、冰纹断、流水断、龙鳞断等。一般来说，琴不过百年不出断纹，而随年代久远程度不同，断纹也不尽相同，是鉴藏古琴的主要依据之一。

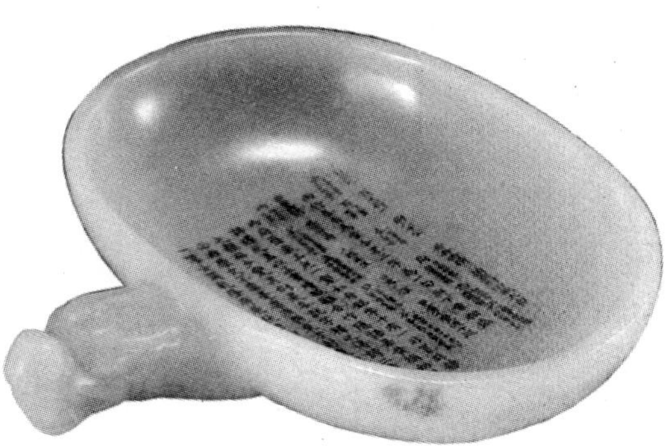

玉卮

高3.5厘米，长13.5厘米，宽9.6厘米，连器柄宽13.4厘米。

南京大学考古与艺术博物馆所藏玉卮乃辽代（907—1125）传世品，和田青白玉籽料雕琢而成；器身为椭圆形，直口，浅腹，椭圆形饼底，器身一侧有一龙形柄；造型奇特，玉质上佳，温润莹泽，琢制与抛光技术高超，显示辽代玉器制作已达到相当高的水平。玉卮底部刻有两行契丹文字，内底刻有乾隆皇帝的解词与题记，其解词释底部铭文为“以正书增减离合，作隐语”；题记中写道：“内府旧藏玉卮一，制如舟……”并琢有阳文方印“古香”和阴文方印“太王卜”。在中国出土以及传世的玉器中，刻铭文及刻款的极其少见。据专家考释，此件器物应为辽代皇室之物，是辽皇帝为祝贺其母后生辰而专门制作的贺礼。该玉卮流出清宫时间不详，民国时期为前清进士黄睿所得，并将该玉卮的照片与铭文拓片收入其所编《古玉图录初集》。随后该玉卮为美国人福开森收藏。1934年，福开森将其捐赠给金陵大学（引自《南京大学学报》2010年第2期）。

我国明代，妇女用于阅容的铜镜上出现“秩吾”铭文，我们称该种铜镜为“秩吾”镜，圆形，半球钮，钮上下各一字，合为“秩吾”。古时造镜取其吉祥物或用语，以示心愿或诫劝。“秩吾”镜即寓意要“注重自身内质的修为”。该镜曰“秩吾”，可能与《女史箴图》（东晋顾恺之作，原作已佚，唐代摹本）中的“修容饰性”的影响有关。《女史箴图》画旁题箴文：“人咸知修其容，莫知饰其性；性之不猸，或愆礼正；斧之藻之，克念作圣。”意思是说，人们通常只知修饰自己容貌，却不注意加强自己品质的修养，其实个人品质的修养是至关重要的。这种“修容饰性”的观念也影响到民间，普通女子也要按《女史箴图》所定下的“女子标准”来规范自己，这或许就是“秩吾”之镜的寓意所在。镜子可以看到人的相貌，砚台可以著书立说。都是收藏之物。

清代佚名《雍正妃行乐图》（之一）

立轴绢本，设色，尺寸不详，私人藏。

清代宫廷没有设置翰林画院，但是宫廷画家却有专门的绘画机构。有的宫廷画家甚至一直都在忙于绘制皇上和皇后的像。另外，清宫画家中还有外籍传教士，他们除了绘制油画肖像外，也学习中国传统的画法，而与此同时，他们对于中国画家的影响也是在所难免的。清初的焦秉贞，稍后的冷枚、罗福旻、邹一桂等，无不得“西法之意而变通”。

此组《雍正妃行乐图》虽不知何人所作，但无外乎当时的宫廷画家。宫闱生活是苦闷而森严的，即使是帝王后妃也需要调剂单调的生活，于是就有了在特定时日内扮作社会各阶层人物来活跃气氛，甚至模仿商铺街巷买卖娱乐。此图中雍正妃的扮相是汉族美女的装束，由于画家显然受到西画的影响，所以在面容细节上有了明暗晕染的立体效果。各色家什配饰花草湖石无不精描细绘。这一幅画面中，宫人面容安静淡然，手拿书卷斜坐于绣凳，靠在镶有大理石桌面的方桌边。桌上书盒之后是一只插着月季花的白瓷花瓶，边上还有一只艳红而精致的鼻烟壶。其背后是另外一块空间，根雕的香几大方朴实，衬托出其上所安置的精美物件更为细致华美。然而由于所绘人物为帝王妃子，要美丽庄重，故而不免拘谨了许多。这样的画面令后世观者不免认为有矫揉造作之感。

十三说

世称柴、汝、官、定、哥五窑[1]，此其著焉者[2]。更有董窑、象窑、吉州窑、古定窑、古建窑、古龙泉、古磁器、古饶器、霍器、彭器，与外国大食、高丽二窑，皆有传者，俱不及五窑。本朝宣、成、嘉三窑[3]，直欲上驾前代[4]。至于漆器，又次之矣。其佳者有古犀毗、有剔红、有堆红、有戗金、有攒犀、有螺钿，亦无宋以前之物。继宋作者，莫能逾也。次第骨董，当首象器，次用物，以砚为殿[5]，窑器漆器附焉。人莫尚于据德游艺也，立

青花海水云龙纹扁瓶

宣德青花以其古朴典雅的造型、晶莹艳丽的釉色、多姿多彩的纹饰而闻名于世。此瓶圆口长颈，腹扁圆。扁瓶口沿下饰卷草纹，瓶颈为缠枝莲纹；瓶腹满饰海波纹，绘制清晰，接连有序，给人以浊浪滔天的凶险感；两面各绘一条白龙。龙呈回首行走状，张口露舌，龙发上扬，背上有火焰状鬃飘动，四肢强健，足三趾分开，通体饰鳞片。龙拱曲前行，具有动感，在巨浪的衬托下，龙充满力量和威严。

身以德，养生以艺。先王之盛德在于礼乐，文士之精神存于翰墨。玩礼之器，可以进德；玩墨迹旧刻，可以精艺。居今之世，可与古人相见在此也；助我进德成艺，垂之永久，动后人欣慕在此也。舍是而矜重之，则泛矣。然而较之耽于声色者又远矣，然后知骨董一句，为目前之大用也！

【注释】

①柴：柴窑。最早见于明代曹昭《格古要论》，万历以后的《玉芝堂谈薮》、《清秘藏》、《事物绸珠》、《五杂俎》、《博物要览》、《长物志》等书多论及此窑，但众说纷纭。基本有两种见解，一为周世宗姓柴，当时所烧之器都叫"柴窑"；一为吴越秘色青瓷即"柴窑"。对其形质，曹昭认为"柴窑天青色滋润，细腻有细纹，多是粗黄土足，近世少

五彩鱼藻纹盖罐

明代嘉靖、万历年间，在成化斗彩的工艺成就基础上，又发展成了著名的青花五彩瓷器。青花五彩色艳热烈，填笔简朴自然，盛极一时。五彩纹饰多以青色为底色，再加红、黄、蓝、绿、紫五色。此罐描饰七层纹饰，层层叠叠，繁复多工。罐盖顶部瓣状纹饰环绕，下部锦鱼水藻环绕。罐的肩部绘莲瓣纹一周，腹下部绘蕉叶一周，腹部绘荷花、水藻、游鱼，底部用青花楷书"大明嘉靖年制"，整体图绘疏密有致。

珐琅彩三友橄榄瓶

见”；张应文则谓“柴窑不可得矣，闻其制云，青如天，明如镜，薄如纸，声如磬”。但均属传闻，未见实物。清末民国初有以“青如天、明如镜、薄如纸、声如磬”证诸柴窑，仅有景德镇宋影青瓷相符；或谓可能张应文误以宋影青瓷为柴窑而概括之。汝：汝窑。官廷编制藏器目录的《宣德鼎彝谱》中关于官廷用器的记载有所谓：“内库所藏：柴、汝、官、钧、定。”宋代诸窑以汝为首。宋代记载虽也有“汝窑为魁”的说法，但宋人是与同时的青瓷系统诸民窑比较而言。汝窑由于烧瓷时间短促，传世品稀少，弥足珍贵，为后世谈瓷者所津津乐道。汝窑传世品造型不如定、钧等窑丰富，所见到的以盘、碟一类器皿较多，有大小深浅等形式。历代文献谈汝窑都着重形容釉色与质感，关于胎的颜色一概不提。从传世品看，汝窑瓷胎多数像点燃过的香的香灰色，透过釉处呈现出微微粉色，其色调与官窑有些近似。汝窑瓷器仅见两种铭文，一为“奉华”，另一种铭文刻“蔡”字。官：官窑。官窑烧制官瓷是一个特定的称谓，专指宋大观及政和年间于汴梁所设的官窑所造瓷器，青瓷釉色晶莹剔透，有开裂或呈冰片状，粉青紫口铁足是其特色。这种瓷器和汝瓷、哥瓷、钧瓷、定瓷合称中国五大名瓷。南宋渡江后，江北名窑均毁于战火，景德年前，赐江西昌南镇名“景德镇”，尽迁各地名匠于此。元代忽必烈又在此设浮

素三彩菊花耳瓶

高36.6厘米，口径10.5厘米，足径11.5厘米。

素三彩是明代出现的一种瓷釉品种，以黄、绿、紫三种釉色为主，不用红色。以三色中的某一色为地，即称为某三彩，如黄三彩、绿三彩、紫三彩。

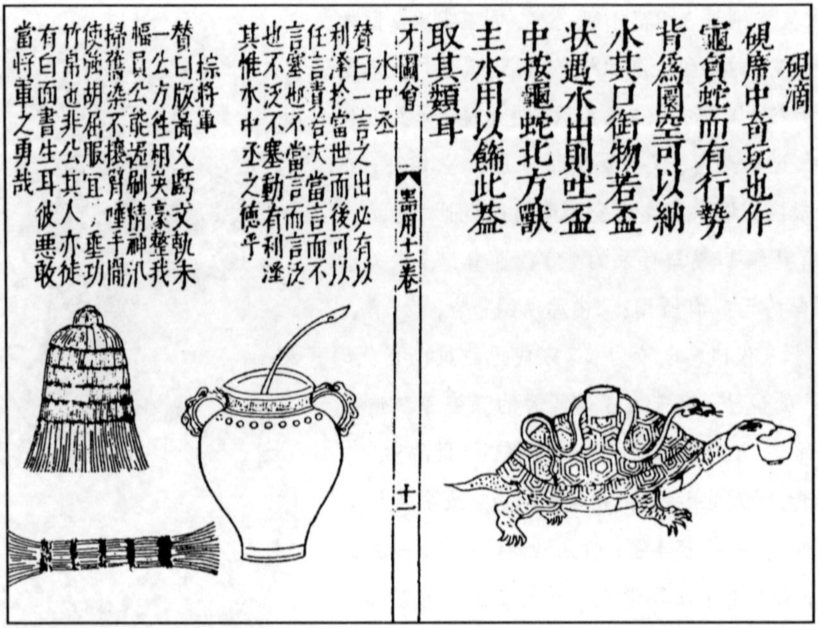

《三才图会》中的各种砚滴、水中丞、棕刷

砚滴又称“水滴”、“书滴”，用于向砚中添水，有出水孔，便于掌控水量，多为陶瓷、金属及玉制成。

水中丞又称“水盂”，系贮水以供研墨的器具，多用陶瓷、玉、金属制成。

棕刷以棕毛制成，在装裱书画、摹拓金石时都会使用。

梁瓷局，除皇家专造外，还将战争中俘获的所有陶瓷业工匠均发配到昌南定居。在此基础上，经过近千年的发展，这个拥有得天独厚的高岭土资源的昌南古镇，正式成为中国官窑的集中地，千年窑火一直延续至今天，营造出一脉独具特色的昌南盛世。今天英语中的China即是昌南的音译，所以南宋以后的官窑瓷又称“昌南瓷”、“景德瓷”。定：定窑，是宋代名瓷之一，宋人笔记屡有称述。定窑始烧于唐，它的烧白瓷是受邻近的邢窑影响，当时邢窑盛名满天下，定窑及其他瓷窑相继仿烧是很自然的事情。但后来定盛而邢衰，至宋时人们已只知有定而不知有邢了。而定窑系诸窑也确实形成了自己的一套制瓷工艺与制瓷风格，工整雅素的印花定窑确实是陶瓷艺术中的珍品。定窑系诸窑除曲阳涧磁村的定窑外，多在今山西境内，如平定窑、阳城窑、介休窑。此外还有四川的彭县窑也烧定窑风格的白瓷器。定窑地点在今天河北曲阳涧磁村及东西燕山村。曲阳县宋属定州，定州唐末、五代以来是义武节度使的驻地，是政治中心，也是曲阳瓷器的集散地。定窑白瓷对后代瓷器影响很大，宋以来留下了不少有关它的记载。曲阳涧磁村窑址发掘中取得的早期标本，有平底浅身碗，外施黄釉里施白釉，胎厚重，制作较粗糙，这种碗具有唐代早期的典型风格。比这种平底碗时代稍晚的是白釉瓷，这类碗的碗身多做45° 斜出，碗身较浅，宽圈足，胎较上述平底碗薄，里外施釉，这种碗具有标准唐代后期形式。哥：哥窑。哥窑与汝窑不同，它不见于宋人记载。元人记载中有所谓“哥哥洞窑”与哥窑是否一事有待进一步证明。哥窑瓷器的窑址迄今未发现，也难以陶瓷考古所得材料与传世哥窑器印证。因此，哥窑问题至今仍是陶瓷史上的一大悬案。哥窑列名为宋名窑，最早见于明初宣德年间的《宣德鼎彝谱》一书所谓：“内库所藏：柴、汝、官、哥、钧、定。”列名于宋名窑：汝、官之后，钧窑、定窑之前，可见至少自元末起，哥窑已认定为宋窑，并且是重要的收藏对象，

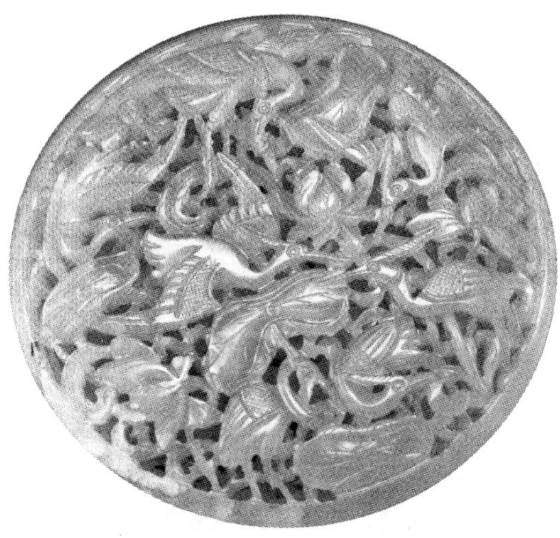

玉香囊

香囊有提神、驱邪、留香、清新空气，甚至传情达意之用。玉镂雕香囊作为香上品，系之既可留香，体现君子清新雅洁之风，又可保有君子“无故玉不去身”的儒家道德指归，体现名士之风，传承风雅。此明代玉香囊采用上等白玉雕琢而成，玉质温润细腻，玲珑剔透，刻有荷叶、荷花、水鸟等清雅图案。

锦衣卫木印

锦衣卫是明代内廷侍卫侦察机关，始建于洪武年间，专门从事侍卫缉捕刑狱之事，是皇帝的侍卫与耳目。此印缩肩平纽，有部分裂纹。印面为阳文"锦衣卫印"，篆书，印文拙厚有力，背面刻"成化十四年三法司置"。明初以刑部、都察院、大理寺分典刑狱，称三法司，这枚木印是由三法司会同刻制。

其品第高于钧窑与定窑。但是其时不见有"弟窑"之名，龙泉青瓷似乎也未为收藏家所重视。明人曹昭《格古要论》考论古器也只说："旧哥哥窑出，色青浓淡不一。亦有铁足紫口，色好者类董窑，今亦少有。成群队者，是元末新烧，土脉粗躁。色亦不好。"传世哥窑器造型有各式瓶、炉、洗、盘、罐。胎有厚薄之分，胎质有瓷胎与砂胎两种，胎色有黑灰、深灰、浅灰、土黄多种色调；釉色有粉青、月白、油灰、青黄各色。传世哥窑有早晚期作品，《格古要论》的旧哥哥窑与新哥窑记载是值得重视的，曹昭对新哥窑解释为凡是成群成对的就属于新哥窑的作品，旧哥哥窑大部分是单件的，成群成对的非常少。

②著：显露，显著。《商君书·错法》："如此，则臣忠、君明、治著而兵强矣。"《战国策·赵策》："姓名未著而受三公。"

③宣、成、嘉：明宣德、成化、嘉庆年间。

④驾：凌驾，超越。李白《古风五十九首》之三："大略驾群才。"

⑤殿：行军走在最后。《左传·襄公二十六年》："晋人寘诸戎车之殿以为谋主。"古代考核军功，上等为最，下等为殿。这里指排列顺序。

【译文】

世上称说柴、汝、官、定、哥五窑，这些都是有名的，还有董窑、象窑、吉州窑、古定窑、古建窑、古龙泉、古磁器、古饶器、霍器、彭器与外国大食、高丽的两座窑，都有传于世的，但名声都不如五窑。本朝宣德、成化、嘉庆三代的窑器，可以超过前代。至于漆器，就要差一些了。漆器品质好的，有古犀毗、有剔红、有堆红、有戗金、有攒犀、有螺钿，不过没有宋代以前的漆器。宋代以后所作的漆器，没有超过宋代的。骨董的排列顺序，首推法器，其次是使用的器物，砚台为后，瓷器、漆器附于最后。人没有不崇尚以德为本，以艺修养，以德立身，以艺

双林寺韦陀

双林寺位于山西平遥西南六公里桥头村，原名"中都寺"，因其地本为中都故城而得名。约至宋代，中都寺更名双林寺。

双林寺内明代彩塑达数百余尊，这尊韦陀像极富个性特征，武中蕴文，颇具动势，是明代彩塑中少见的艺术杰作。像高1.6米，位于千佛殿的醒目之处，为双林寺艺术价值最高的彩塑之一。他身披甲胄，左手拿着一个金刚杵，右手握拳，昂首挺胸，成"丁"字步站立，十分威风。眉头紧锁，眼睛怒视前方，表现出刚正严明的性格，颇有一种儒将风范。韦驮身上的甲胄和战袍的飘带纹理细腻，甲胄坚硬的质地和飘带的柔软产生了鲜明的对比。身后的飘带弯弯曲曲，环绕全身，好像被风吹起来一样，产生了一种临风而动、英姿飒爽的效果。

韦陀，或称韦驮，又名韦陀天，原为印度婆罗门教的天神，后来成为佛教的护法天神。相传释迦牟尼涅槃时，诸天和众王把佛陀火化后的舍利子分了，各自回去建塔供养。韦陀也分得一颗佛牙，正准备回天堂。一个捷疾鬼浑水摸鱼，偷走一对佛牙舍利，撒腿就跑。韦陀奋起直追，刹那间将捷疾鬼抓获，夺回了佛舍利。诸天和众王纷纷夸奖韦陀能驱除邪魔外道、保护佛法，于是，韦陀就在后世被树立为"护法菩萨"的形象。

养生的。古代先王的大德表现在礼乐方面，文士的精神修养表现在翰墨书画上。品鉴礼器，可以增进道德修养；欣赏墨迹旧刻，可以精进艺术修养。生活于今世在这方面可以与古人相通，这有助于德艺双增，流传永久，是使后人赞叹仰慕之处。如果舍弃这些而矜持自大，则是流于空泛。然而较之沉溺于声色犬马毕竟还很远。理解了骨董一词，是目前的大功用啊！

【点评】

文士之精神存于翰墨，书画且为乐，金石寿而康。诗书画印乃文人的雅兴。礼乐和翰墨是今人与古人相通之处，可以增加人的德性修养。比较声色犬马，不知要高雅多少，把玩骨董，不必担心玩物丧志。远离不良嗜好，追求人生新境界，是骨董最大的用处。

中国知识分子自古立德、立功、立言。子曰："志于道，据于德，依于仁，游于艺。"孔子说：立志于学习追求真理，据守于道德规范，依附于仁爱理念，悠游于六艺之中。《周礼·保氏》："养国子以道，乃教之六艺：一曰五礼，二曰六乐，三曰五射，四曰五驭，五曰六书，六曰九数。"这就是所说的"通五经贯六艺"的"六艺"。六艺现代解释，包括"礼、乐、射、御、书、数"等六种技艺。其中先生之盛德在于礼乐。礼者，不学"礼"无以立，《管子·牧民》所谓"仓廪实则知礼节，衣食足则知荣辱"。孔子上代屡为司礼之官，孔子少即习礼，"为儿嬉戏，常陈俎豆，设礼容"（《史记·孔子世家》）。有"礼""则必有庆贺燕飨之"乐"，有庆贺燕飨之乐则必有五音宫商角徵羽伴奏。

清刘彦冲《听阮图》（局部）

纸本设色，纵78.1厘米，横207厘米，北京故宫博物院藏。

刘彦冲（1807—1847），字咏之，诗文绘画俱佳。拜苏州的朱昂之为师。朱氏濡染家学，绘事上尤得力于恽寿平和王翚，笔意洒脱劲峭。刘彦冲习画山水之初从朱氏而学，尽得其意，后一心师法古人临摹名家佳构，无不肖其神韵，尤喜作泼墨米氏云山。在人物及花鸟题材方面亦有佳作传世。

《听阮图》整幅画面流动着朦胧舒缓的气息，似风吹绵绵细草的迷离，也似轻拨细捻的丝丝音律。梧桐、芭蕉、湖石、翠竹，飘渺清新的意境之中，画中男子冠冕宽服，抱膝交脚而坐于蒲团，一把古琴放于身边，身后摆放着食盒、臂搁，前方还有小巧精致的铜香炉。男子面部微转向弹奏的女子，有一种侧耳倾听之感。女子背对观者侧坐于铺有红丝垫的藤墩上，云鬓低垂，袅婷有致。另有一红衣女子手拿团扇蹁跹而来。大面积青花晕染的画面中，以圆润流畅线条勾画，以明丽色彩敷染的人物尤显突出。而人物的表情也似乎让观者如临其境，如闻其声，如感其情。

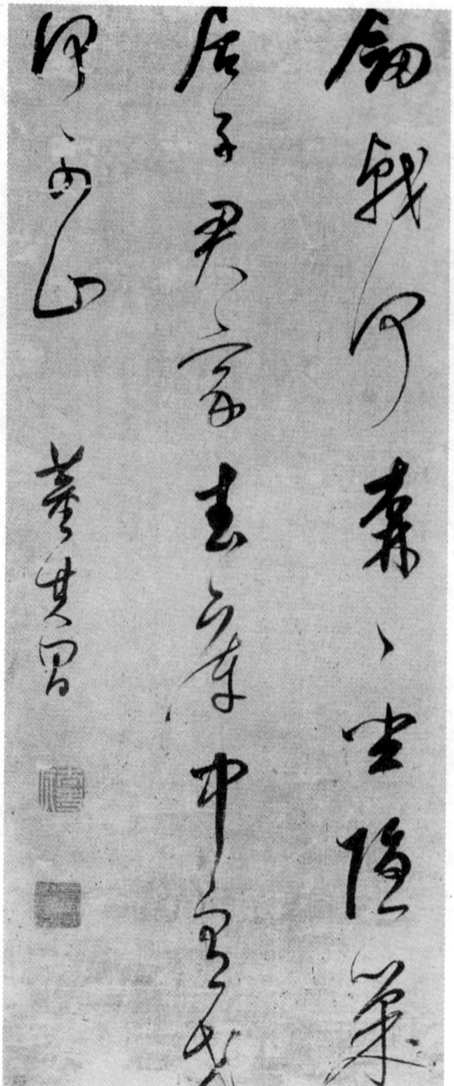

跋

右骨董十三说，为董文敏所书。光绪丁酉春，有人持从贴求售者，后附此贴，统计十四则。而云十三说者，殆第一则释骨董字义[①]，自成缘起耳。中有“十月二日书”，又“舟行临平道中，二日书竟”，末赘“天启元年二月望日书竟”。细玩词意，似是从他处录出，又似先成前数则，续有所得，又成若干者，无从悬揣。因说骨董，议甚新辟，遂录出拟付手民[②]，以广其传。蒙自杨文斌识于郧山官舍[③]。

董其昌《行书五绝诗》

董其昌是明代书家的代表，他既是书法理论家，又是书法实践家，其书法艺术追求疏淡、平和的意境，这与他和当时高僧大德交往过从不无关系。董其昌的书法理论也是深受禅学影响的，他曾以禅家语言论证书法理论道：“大慧禅师论参禅云:‘譬如有人具万万资产,吾皆籍没尽,更与索债。’……米元章云：‘如撑急水滩船，用尽气力，不离故处。’盖书家妙在能合，神在能离……哪吒拆骨还父，拆肉还母，若别无骨肉，说甚虚空粉碎，始露全身。……余此语悟之《楞严》八还义。明还日月，暗还虚空，不汝还者，非汝而谁。然余解此意，笔不与意随也。”充分说明了禅与书法艺术的内在关联。

【注释】

①殆：大概，恐怕。《史记·赵世家》："吾尝见一子于路，殆君之子也。"《汉书·赵充国》："此殆空言，非至计也。"

②拟：草拟，起草。《元史·成宗纪》："诏自今以后专令中书拟奏。"手民：墨工，刻板的工匠。

③蒙：敬词，承蒙。王安石《答司马谏议书》："昨日蒙教。"识：记载。《资治通鉴·魏文帝黄初二年》："不可无岁时月日以识事之先后。"

【译文】

以上为《骨董十三说》，是董其昌所书。光绪丁酉年春，有人持从帖求售，后面附有这个

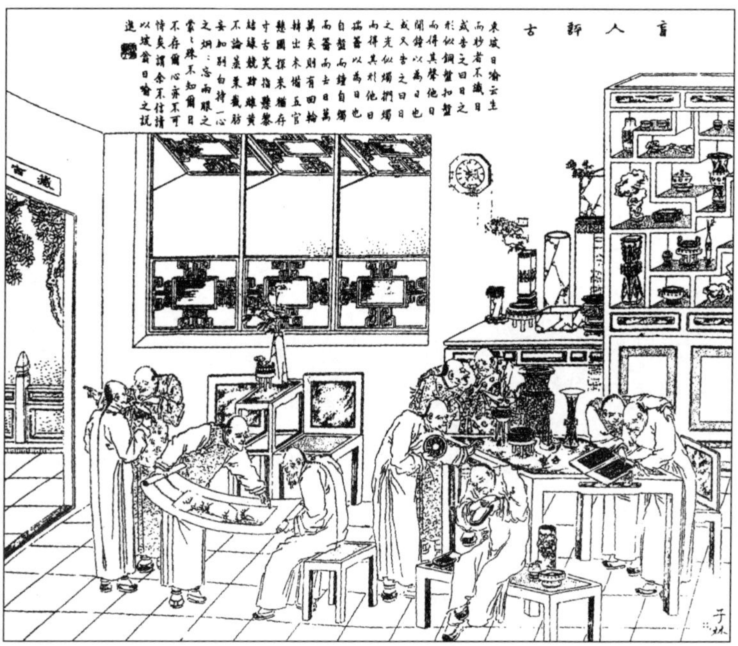

清代文人雅士鉴赏古董字画的场景。

帖子，统计有十四则。而《骨董十三说》书名为“十三说”，大概第一则是解释骨董的字义，应当自成缘起。其中有“十月二日书”，又“舟行临平道中，二日书竟”，末尾附有“天启元年二月望日书竟”。仔细玩味词意，似乎是从别的地方录出的，又好像先写成前几则，后续有所得，又写成若干则，实在是无从揣测。因为叙说骨董，议论非常新颖，于是录出起草交付墨工，付梓刊行，使它广为流传。承蒙杨文斌记于郧山官舍。